MARCO POLO

SCHWEDEN

Reisen mit Insider Tipps

ISLAND
Europäisches Nordmeer
ATLANTISCHER OZEAN
SCHWEDEN
NOR-WEGEN
FINNLAND
RUSSLAND
Oslo Stockholm
Helsinki
Sankt Petersburg
ESTLAND
Moskau
IRLAND
GROSS-BRITANNIEN
DÄNEMARK
LETTLAND
LITAUEN
RUS
Hamburg
WEISS-RUSSLAND
NL DEUTSCHLAND POLEN

> Das Land im hohen Norden verbindet das Beste von gestern mit dem Besten von morgen: intakte Landschaften, gemütliche Kleinstädte, unberührte Gewässer, endlose Wälder, Hightech, innovative Kulturschaffende und eine in jeder Hinsicht erstklassige Infrastruktur.
MARCO POLO Korrespondent
Bruno Kaufmann
(siehe S. 139)

W0171098

Spezielle News, Lesermeinungen und Angebote zu Schweden:
www.marcopolo.de/schweden

SCHWEDEN

> SYMBOLE

 MARCO POLO INSIDER-TIPPS
Von unserem Autor für Sie entdeckt

 **MARCO POLO HIGHLIGHTS**
Alles, was Sie in Schweden kennen sollten

 **SCHÖNE AUSSICHT**

▶▶ **HIER TRIFFT SICH DIE SZENE**

> PREISKATEGORIEN

HOTELS
€€€ über 130 Euro
€€ 70–130 Euro
€ unter 70 Euro
Die Preise gelten für zwei Personen im Doppelzimmer mit Frühstück

RESTAURANTS
€€€ über 20 Euro
€€ 14–20 Euro
€ unter 14 Euro
Die Preise gelten für eine Hauptspeise zum Abendessen

> KARTEN

[126 A1] Seitenzahlen und Koordinaten für den Reiseatlas Schweden
[U A1] Koordinaten für die Karte Stockholm im hinteren Umschlag
[0] außerhalb des Kartenausschnitts

Zu Ihrer Orientierung sind auch die Orte mit Koordinaten versehen, die nicht im Reiseatlas eingetragen sind

INHALT

> SZENE

S. 12–15: Trends, Ent-
deckungen, Hotspots!
Was wann wo in Schwe-
den los ist, verrät der
MARCO POLO Szeneautor
vor Ort

> 24 STUNDEN

S. 104/105: Action pur
und einmalige Erlebnisse
in 24 Stunden! MARCO
POLO hat für Sie einen
außergewöhnlichen Tag
in Malmö zusammen-
gestellt

> LOW BUDGET

Viel erleben für wenig Geld!
Wo Sie zu kleinen Preisen
etwas Besonderes genießen
und tolle Schnäppchen
machen können:

Reisemagazin zum Nulltarif
S. 40 | Preiswerter Hüttenzau-
ber S. 51 | Beim After-Work-
Buffet nur den Drink zahlen
S. 58 | Wo es zur Unterkunft
Boot und Angel dazu gibt
S. 74 | Hinter schwedischen
Gardinen günstig übernach-
ten S. 86 | Für kleines Geld
im Rentierreich essen S. 97

> GUT ZU WISSEN

Was war wann? S. 10 |
Schwedische Spezialitäten
S. 26 | Blogs & Podcasts
S. 38 | Snusen erlaubt S. 64 |
Bücher & Filme S. 88 | Sami
S. 94

AUF DEM TITEL
Outdoor-Tour durch die
Steppen des Abisko-
Nationalparks S. 93
Stockholms Shopping-
Hotspots S. 36

ENTDECKEN SIE SCHWEDEN!

Unsere Top 15 führen Sie an die traumhaftesten Orte und zu den spannendsten Sehenswürdigkeiten

Die Highlights sind in der Karte auf dem hinteren Umschlag eingetragen

 Gamla Stan
Das historische Zentrum der Hauptstadt versprüht mit seinen alten Häusern den Charme vergangener Jahrhunderte (Seite 32)

2 Vasamuseet
Nach mehr als 300 Jahren auf dem Meeresgrund liegt das Kriegsschiff Vasa jetzt in einem der bedeutendsten Museen Schwedens (Seite 35)

 Schloss Gripsholm
Idyllische Szenerie: das berühmte Schloss am See Mälaren (Seite 40)

 Stockholmer Schären
Tausende von Felsinseln liegen in der Ostsee vor den Toren der Hauptstadt (Seite 41)

 Fårö
Die Wahlheimat Ingmar Bergmans ist eine Trauminsel vor Gotland (Seite 44)

 Visby
Schwere Stein- statt roter Holzhäuser – die mittelalterlichen Wurzeln der Hansestadt sind nicht zu übersehen (Seite 44)

 Kalmar
Über der alten Handelsstadt thront ein prächtiges Renaissanceschloss (Seite 48)

 Rooseum
Hoch spannende Kunst im alten Elektrizitätswerk von Malmö (Seite 50)

> DIE BESTEN MARCO POLO HIGHLIGHTS

★ Göteborger Hafengebiet
Schippern, schlendern und schauen Sie:
Im ehemaligen Industrieviertel mit dem
schwimmenden Schifffahrtsmuseum
gibt es eine Menge zu entdecken
(Seite 56)

★ Tanums Hällristningar
Kunst im Stein: Vor Jahrtausenden
ritzten unsere Vorfahren abstrakte
Zeichnungen in Felsen, die heute
geradezu mysteriös modern anmuten
(Seite 60)

★ Linnés Hammarby
Verführerisches Pflanzenparadies
zwischen Uppsala und Stockholm:
In der Sommerresidenz des berühmten
Botanikers blüht es fast noch genauso
wie vor über 200 Jahren (Seite 76)

★ Carl Larsson Gården
Ein dyllisches Plätzchen: das ehe-
mal ge Wohnhaus des berühmten
schwedischen Malers Carl Larsson
(Seite 82)

★ Högakustenleden
Schöne Ausblicke auf Meer und
Berge bietet der Wanderweg Hohe
Küste (Seite 84)

★ Abisko-Nationalpark
Tagelange Wander- und Skitouren
unter dem weiten Himmel von
Lappland (Seite 93)

★ Vindelälvsdalen
Ein Traum für Naturfreunde:
Wilcwasserfahrten im Tal des
Vincelälv (Seite 97)

AUFTAKT

> Frisch, frech und frei. Schweden ist der etwas andere europäische Nachbar. Unbelastet von der jüngeren Geschichte verbindet das Land im hohen Norden das Beste von gestern mit dem Besten von morgen: intakte Landschaften, gemütliche Kleinstädte, unberührte Gewässer, endlose Wälder treffen auf Hightech, innovative Kulturschaffende und eine erstklassige Infrastruktur. In Schweden ist das Individuum König, Kinder sind hochwillkommen und eine hohe Lebensqualität für alle ist oberstes Staatsziel. Besuchen Sie dieses Traumland – für ein paar Tage, ein halbes Jahr oder ein ganzes Leben lang!

> Die meisten Besucher kennen Schweden aus ihrer Kindheit – als das Land von Michel, Nils Holgersson und Pippi Langstrumpf. Wer hätte damals nicht Astrid Lindgrens Romane von der lebendigen Pippi und ihren etwas biederen Freunden Annika und Tommy gelesen oder in den Geschichten von den Kindern aus Bullerbü und Michel geschmökert – der in Schweden übrigens Emil heißt. Ähnlich bekannt ist Selma Lagerlöfs Kinderbuch von der wunderbaren Reise des kleinen Nils Holgersson mit den Wildgänsen. Der Bauernsohn verwandelt sich in einen Däumling und bereist auf dem Rücken der Vögel sein Land von Süd nach Nord.

Genau diese Route sollten auch Sie wählen, wenn Sie das lang gestreckte Land im hohen Norden Europas in all seinen Facetten kennenlernen wollen. Vom Südzipfel bei Trelleborg bis hinauf nach Karesuando an der nördlichen Grenze zu Finnland sind es rund 2000 km. Dabei wohnen nur gut 9 Mio. Menschen in Schweden – es ist also viel Platz für die unberührte Natur, in der viele frei lebende Tiere wie Elche und Rene zu Hause sind. Seit 1909 stehen Teile der insgesamt 25 schwedischen Landschaften unter Schutz. So entstanden die ersten Nationalparks Europas. Die meisten sind von Wanderwegen durchzogen wie der rund 500 km lange Kungsleden, der vom Abisko-Nationalpark bis Südlappland führt.

> 9 Mio. Einwohner und viel Platz für die unberührte Natur

Es gibt viele Gründe, das Land zu lieben. Manche schätzen insbesondere die Werte der schwedischen Gesellschaft, die an einem Gleichheitsideal festhält, das andere Nationen längst aufgegeben haben. Andere preisen vor allem die landschaftlichen Vorzüge. Besonders Aktivurlauber fühlen sich in Schweden wohl. In den Weiten der nördlichen Fjälle können Naturbegeisterte tagelange Skitouren oder Wanderungen unternehmen, die vielen Flüsse des Lan-

Kaum zeigt sich die Sonne, strömen die Schweden hinaus – in die Natur oder ins Café nebenan

des ziehen Kanufahrer an. Wer es entspannter mag, kann in den dichten Wäldern schön spazieren gehen oder Pilze und Beeren sammeln.

Während die weiten Felder des südlichen Schonen (Skåne) an Norddeutschland und das benachbarte Dänemark erinnern, gleichen große Teile Lapplands im äußersten Norden Schwedens einer Steppe. Dazwischen liegt ein knappes Dutzend traumhafte Landschaften, die alle ihren eigenen Reiz haben.

In der Hauptstadt Stockholm sind nicht nur viele historische Bauten wie das Schloss und die Altstadt sehenswert, Sie können auch etliche Museen und Galerien besuchen. Selbst Naturliebhaber kommen in Stockholm auf ihre Kosten – in einem der vielen Parks oder in den Schären vor den Toren der Metropole, wo mehr als 20 000 Inseln darauf warten, entdeckt zu werden – ob mit dem Kajak, dem Segelboot oder einem Ausflugsschiff.

Nicht nur die Landschaften, auch die Bewohner verändern sich auffallend im Wechsel der Jahreszeiten. Die Unterschiede zwischen Sommer und Winter sind in Schweden wegen der nördlichen Lage viel ausgeprägter als in Mitteleuropa. Der extreme Wetterwechsel beeinflusst auch das Gemüt. Im Winter sind die Schweden am liebsten zu Hause. Sobald sich aber im Frühjahr die Sonne wieder zeigt, strömt alles in die Parks und Fußgängerzonen. Dort, wo noch genügend Schnee und Eis liegen, schnallen die Schweden ihre Schlittschuhe und Langlaufskier an und begeben sich auf lange Touren durch die verschneite Natur.

> ## Die Schweden gehen nur ungern auf Tuchfühlung

In den Sommermonaten leben die Schweden ihre Begeisterung für das *friluftsliv*, das Freiluftleben, in vollen Zügen aus. Dann verbringen sie so viel Zeit wie möglich an der frischen Luft. Gut, dass es auch mitten in den Städten jede Menge Strände und Parks gibt, sodass nirgendwo Gedränge herrscht. Lediglich an *midsommar* (Mittsommernacht) im Juni, dem wichtigsten Feiertag des Jahres, kann es schon mal voller werden. Ansonsten gehen die Schweden nur ungern auf Tuchfühlung. Nicht nur am Strand schätzen sie es, genügend Abstand zum Nachbarn zu haben. Die *stuga* – das kleine, zumeist hölzerne Ferienhäuschen – ist in ihren Augen erst dann perfekt gelegen, wenn das Nachbarhaus außer Sicht- und Hörweite ist.

WAS WAR WANN?

Der schwedische Hang zur Distanziertheit zeigt sich auch in politischer Hinsicht. Der Europäischen Union, der das skandinavische Land 1995 beigetreten ist, steht die Bevölkerung skeptisch gegenüber, die Einführung der Gemeinschaftswährung Euro haben die Schweden 2003 in einem Referendum abgelehnt. Zwar duzen sich in dem stark sozialdemokratisch geprägten Land alle, die Menschen sind außerdem gastfreundlich und äußerst hilfsbereit, aber bevor Sie in einer Kneipe oder beim Hotelfrühstück ein ausführliches Gespräch mit einem Unbekannten anfangen, sollten Sie sich das lieber dreimal überlegen.

Fremde, die sich lautstark aufführen und diskutieren, machen sich schnell unbeliebt. In Schweden gilt das Prinzip des *lagom,* ein unübersetzbares Wort, das im Grunde genommen besagt, dass es stets die beste Lösung ist, nicht aufzufallen. Schweden scheuen Konfrontationen und mögen es nicht, wenn jemand seinen Reichtum zur Schau trägt oder die anderen spüren lässt, dass er sich für etwas Besseres hält. Das mag eine Folge der jahrzehntelangen Herrschaft der Sozialdemokraten oder auch der bürgerlichen Wurzeln des Königshauses Bernadotte sein. Oder aber auf den jahrhundertelang herrschenden Protestantismus zurückgehen, der bis 2000 Staatsreligion war. Krisen und Hungersnöte jedenfalls machten Schweden zu einer verschworenen Gemeinschaft gegen alles Böse: Bis heute darf nur der Staat Alkohol verkaufen, sind weiche Drogen und Prostitution verboten – und sehen viele Schweden ihr Land als eine Art moralische Weltmacht an.

Außer den Politikern sind auch die Bürger davon überzeugt, dass die Welt eine bessere wäre, würden sich alle nach schwedischen Idealen richten. Das heißt vor allem soziale

Schweden fern. Zwar ist man stolz auf international beachtete Landsleute wie den Regisseur Ingmar Bergman, den Krimiautor Henning Mankell und die mit olympischem Gold gekrönte Siebenkämpferin Carolina Klüft. Daheim werden sie jedoch als ganz normale Staatsbürger

Kiruna Kyrka: Ein Lappenzelt war das Vorbild für den Kirchenbau

Wohlfahrt für alle und militärische Zurückhaltung in internationalen

betrachtet, nach denen sich auf der Straße kaum jemand umdreht.

> **Bis heute darf nur der Staat Alkohol verkaufen**

Krisensituationen. Personifizierter Ausdruck dieser Politik war der ehemalige sozialdemokratische Ministerpräsident Olof Palme, der 1986 ermordet wurde. Personenkult liegt den

Während viele Industrielle wie der Ikea-Gründer Ingvar Kamprad ihr Land wegen der hohen Steuern längst verlassen haben, zieht die Prominenz aus Film, Kultur und Sport allenfalls zwischenzeitlich aus ihrem Heimatland weg. Wer einmal in Schweden Urlaub gemacht hat, der weiß, wieso es einen immer wieder hierherzieht.

▶▶ TREND GUIDE SCHWEDEN

Die heißesten Entdeckungen und Hotspots! Unser Szene-Scout zeigt Ihnen, was angesagt ist

Jan Kulessa

ist Schweden-Insider! Seit seinem Studium in Linköping fährt er regelmäßig ins Königreich, um die neuesten Trends in Sachen Musik aufzuspüren. Am liebsten zieht er durch die Clubs im Stockholmer Viertel Södermalm. Außerdem hat er ein Faible für schwedisches Möbeldesign. Warum? Weil die Entwürfe klar, schlicht und trendy sind und sie in Deutschland erst ein Jahr später auf den Markt kommen.

▶▶ INDIE IST IN

Facettenreichtum für die Ohren

Indiemusik hat in Schweden Hochkonjunktur. Die Szene hebt sich vom Mainstream ab und feiert damit Erfolge. Grund für die regelrechte Explosion ist vor allem das Internet als Musikplattform. Die heißesten Bands sind *Hello Saferide (www.hellosaferide.com)* mit ihrem akustischen Pop, deren Liedtexte von Intimität und Humor nur so strotzen, und *The Knife (www.theknife.net)*. Das Duo, das Elektro-Pop mit Underground-Techno mixt, wehrt sich bisher erfolgreich gegen den Mainstream und holte 2007 nicht mal seine sechs gewonnenen Musikpreise ab.

Die schräge und super angesagte Band *I'm from Barcelona (www.imfrombarcelona.com,* Foto*)* beweist, wie facettenreich die Indie-Szene ist: Das Pop-Kollektiv um Emanuel Lundgren zählt knapp 30 Mitglieder und ist für seine lyrischen Songtexte und Tunes bekannt. Die besten Indie-Labels? *Labrador Records (www.labrador.se)* und der Newcomer *Hybrism (www.hybrism.com)*.

SZENE

▶▶ DINE & DANCE

Erst schlemmen, dann feiern

Der Nightlife-Trend heißt Dinnerclubs. Place to be ist der durchgestylte *Peacock Dinner Club* in Göteborg: Zu später Stunde wird das schicke Restaurant zum futuristischen Club. Die Farben Blau und Gold und die Anordnung der Ledersofas erinnern an den Namensgeber, den Pfau *(Kungsportsavenyn 21, www.peacockdinnerclub.com)*. Im *Torso Twisted (Västra Varvsgatan 44, www.torsotwisted.com)* in Malmö vereinen sich schicke Lounge, Café und Supperclub. Weitere Hotspots: Das *Café Opera*, das nachts zur Partylocation mutiert und mit einem Mix aus barocken Decken, Kronleuchtern und supermoderner Bar besticht *(Operahuset, Karl XII:s torg,* Stockholm, *www.cafeopera.se,* Foto*)*. Im *Riche* diniert und feiert Stockholms Mode- und Medienszene *(Birger Jarlsgatan 4, www.riche.se)*.

▶▶ ALTERNATIVE KUNST

Stockholms kreative Ader

Ob Graffiti, Subway Art oder Radiokunst: Alternative Kunstformen liegen im Trend. Vor allem die Hauptstadt ist Mittelpunkt der Szene. 90 U-Bahnstationen Stockholms wurden von Künstlern gestaltet: Wandgemälde, Skulpturen oder Lichtdesign machen die sogenannte *T-Bahn* zur längsten Galerie der Welt. Besonders kunstvoll: Die Stationen *T Centralen* (Foto), *Rådhuset* und *Rinkeby* – geführte Touren bringen Interessierte ganz nah ran *(www.sl.se)*. Selbst Graffiti etabliert sich immer

mehr als Kunstform. Namen, die man sich in diesem Zusammenhang merken sollte: Hop Louie *(www.hoplouie.com)*, Akay und Klister Peter. Und auch das Radio beschreitet neue Wege: Der Sender *SR c* steht für Kultur, Kunst und Ideen. Über den Äther kommen hier z.B. Audio-Magazine, die vor dem inneren Auge Landschaften entstehen lassen *(www.sr.se/cgi%2Dbin/src/)*.

▶▶ NORDIC TASTE

Tradition trifft auf Moderne

Die schwedische Gastronomie ist im Aufwind: Die Köche kehren zurück zu ihren Wurzeln und bringen regionale und ökologische Produkte auf den Teller. Dabei erleben die klassischen Gerichte eine Renaissance und werden nun modern und kreativ mit internationalem Flair inszeniert. Vor allem Fisch, Wild und Beeren sind beliebte Zutaten. So steht bei Magnus Ek im *Oaxen Skärgardskrog* in Mörkö z.B. Steinbutt auf Kohl an Pfifferling-Püree auf der Karte *(Insel Oaxen, www.oaxenkrog.se)*. Christer Lingström kredenzt Heilbutt-Variationen mit Avocado-Terrine im *Edsbacka Krog* in Sollentuna *(Sollentunavägen 220, www.edsbackakrog.se)* und Robert Wahlén serviert im *Leijontornet* in Stockholm Moltebeeren-Donuts *(Lilla Nygatan 5, www.leijontornet.se,* Foto*)*. Der Restaurantführer *WhiteGuide* kürt jedes Jahr die besten Restaurants *(www.whiteguide.se)*.

▶▶ AVANTGARDISTISCH

Fashion made in Sweden

Ausgefallen und trotzdem tragbar ist das Motto der neuen schwedischen Designer-Generation. Bea Szenfeld hat die Reality-TV-Show *Fashion House* gewonnen und zählt mittlerweile zu Schwedens neuen Designstars *(www.szenfeld.com)*. Ihre spielerischen Prêt-a-Porter-Kollektionen zeugen von Detailverliebtheit und Präzision.

Rickard Lindqvist *(www.rickardlindqvist.se,* Foto*)* kreiert elegante Casual Clothes, die gerne von jungen schwedischen Musikern und Künstlern getragen werden. Newcomer Carin Wester mischt klassische mit modernen Schnitten *(www.carinwester.com)*, Bibbi Lundgren und Marcus Eliasson kombinieren für ihr Label *Twist & Tango* Luxus mit zeitloser Schlichtheit *(www.twisttango.com)*. Nachdem sich die *Stockholm Fashion Week* auch international einen Namen gemacht hat, sichert sich jetzt Göteborg einen Platz im Modekalender Schwedens: 2007 fand dort die erste *Fresh Fish Fashion Show* statt, deren Ziel es ist, junge lokale Talente zu promoten *(www.freshfish.se)*.

▶▶ ...UND ACTION!

Das Festivalfieber grassiert

Die Filmbranche boomt. Mittlerweile hat jedes Genre ein eigenes Festival. Pflichttermin für Cineasten ist das *Internationale Stockholmer Filmfestival* im November (*www.stockholmfilmfestival.se*, Foto). Besonderer Wert wird dabei auf den Kontakt zwischen Filmschaffenden und Publikum gelegt. Das *Göteborg International Film Festival* im Februar gilt als Treffpunkt der Filmenthusiasten. Dokumentarfilme flimmern bei den *Filmfestspielen von Umeå* über die Leinwand (*www.filmfest.se*) und Kurzfilme in Uppsala (*www.shortfilmfestival.com*).

▶▶ GENIESSEN OHNE KALORIEN

Delicious Luxury Treatments

Schönheit kommt von außen – Schokolade, Chili und Co. sorgen dafür. Im *Hagebadet* in Göteborg gibt es das Schokoladen-Rundum-Programm: Auf die Massage mit heißer Schokolade folgen Schoko-Wickel und eine Schoko-Gesichtsmaske (*Södra Allégatan 3, www.hagabadet.se*). Und auch nach einem *Green Coffee Body Wrap* im supermodernen *Flow Saltwater Spa* in Strömstad fühlt man sich wie neugeboren (*Kebalvägen 229, www.stromstadspa.se*, Foto). Scharf geht es im *Tylösand Hotel* zu: Hier wird man mit Chiliöl-Massagen verwöhnt (*Tylöhusvägen 1*, Halmstad, *www.tylosand.se*).

▶▶ ALLES VINTAGE

Coole Stores mit Klasse

Vintage ist der Shopping-Trend der Stunde. Für einen coolen Mix aus Vintage, zeitgenössischer Wohndeko und Möbeln gehen Designjunkies in Stockholm zu *Modernity* (*Sibyllegatan 6, www.modernity.se*, Foto). *Mint and Vintage* ist die Top-Adresse in Helsingborg (*Karlsgatan 1b, www.mintandvintage.com*). Noch ein Tapetenwechsel gefällig? Dann auf zu *Tapetorama* in Malmö (*Rådmansgatan 5, www.tapetorama.se*).

GLEICHHEIT

In Schweden spielt Egalität eine besonders große Rolle. Zahlreiche Gesetze und Erlasse schreiben vor, dass allen Menschen, unabhängig von Herkunft, Religion und Geschlecht, die gleichen Chancen eingeräumt werden müssen. Die jahrzehntelange Regierungsmacht der Sozialdemokraten, die erst bei den vergangenen Wahlen gebrochen wurde, hat die Gewerkschaften und die Frauenbewegung stark gemacht. Diese langjährige Praxis der Gleichstellung hat dazu geführt, dass die Klassenunterschiede geringer sind als etwa in Deutschland oder Frankreich und dass Frauen deutlich stärker ins Erwerbsleben integriert sind. Beim Militär sind sie eine Selbstverständlichkeit, in Parlament und Regierung stellen sie etwa die Hälfte der Mitglieder.

Bild: Im Kindermuseum Junibacken in Stockholm

STICH WORTE

Soziale Schichten sind in Schweden kaum zu unterscheiden. Die Mittelklasse ist noch dominanter als in den meisten anderen europäischen Ländern. Zwar existiert auch hier eine Oberschicht, doch diese trägt ihren Reichtum in der Öffentlichkeit wenig zur Schau – Luxussportwagen und Pelzmantelträgerinnen sind allenfalls vor ausgesuchten Nobellokalen in der Stockholmer Innenstadt zu sichten. Dass sich alle mit Vornamen und dem informellen „Du" anreden, verstärkt noch das Gleichheitsgefühl.

HIGHTECH

Kaum ein anderes europäisches Land ist so technikbegeistert wie Schweden: Jung und Alt nutzen ganz selbstverständlich das Internet und die neuesten Mobilfunkstandards. In einem dünn besiedelten Land wie Schweden ist es wichtig, auch von zu

Hause aus arbeiten zu können, weil die Fahrt in die nächste größere Stadt lange dauern kann. Mittlerweile kann die Steuererklärung per SMS abgegeben werden, viele Rechnungen trudeln nur noch auf elektronischem Wege ein, und selbst Kinder kommunizieren mit ihren Freunden gerne per Videokonferenz. Mittlerweile gibt es sogar eine Internetpartei, die über ihr Verhalten in Gemeindeparlamenten basisdemokratisch alle Mitglieder elektronisch abstimmen lässt.

IKEA

Ingvar Kamprad vom Hof Elmtaryd im Dorf Agunnaryd war keine 18 Jahre alt, als er im Sommer 1943 den Grundstein für die heute wohl bekannteste Möbelhauskette der Welt legte: Ikea. Die Initialen seines Namens und seiner Herkunft bildeten den Firmennamen. Das etwas andere Möbelhaus gibt es heute in allen Ecken der Welt. Schlichtes Design und preiswerte Qualität kommen eben überall gut an. Ikea-Möbel sind deshalb so billig, weil dasselbe Modell in enormen Stückzahlen hergestellt wird und die Käufer die Waren nicht nur selber abholen, sondern auch selber zusammenbauen. Größter Absatzmarkt ist Deutschland. Doch schon bald soll – so die Ikea-Manager – China die Spitzenposition einnehmen. Im Jahr 2007 wurde der Ikea-Gründer Ingvar Kamprad von der amerikanischen Zeitschrift Forbes mit einem Vermögen von umgerechnet 27 Mia. US-Dollar zum fünftreichsten Mann der Welt gekürt.

JEDERMANNS-RECHT

Prinzipiell darf sich in Schweden jeder frei in der Natur bewegen, auch auf Privatgrundstücken. Das regelt das so genannte *allemansrätten* (Jedermannsrecht). Gerade wegen dieser Freiheit ist es wichtig, sich an die wenigen Einschränkungen zu halten, um die Natur zu bewahren. Lagerfeuer etwa sind im Wald (Brandgefahr) und

Königliches Quartier: Schloss Drottningholms Erbauer nahmen sich Versailles zum Vorbild

auf Felsen (Bruchgefahr) verboten. Das Pflücken geschützter Pflanzen ist ebenso untersagt wie das Fällen von Bäumen. Schilder mit dem Hinweis „Betreten verboten" kommen selten vor, doch wenn, dann sollten sie beachtet werden. Es empfiehlt sich, das Jedermannsrecht zu studieren *(www. allemansratten.se)*, bevor es in die Natur geht. Dort steht nicht nur, was erlaubt ist und was nicht, die Bestimmungen sind auch ein Stück Kulturerbe, das viel über das Selbstverständnis der Schweden aussagt.

KÖNIGSHAUS

Schweden ist zwar seit dem 16. Jh. eine Erbmonarchie, doch der König nimmt nur repräsentative Aufgaben wahr. Politische Macht hat er seit der Verfassungsänderung von 1975 keine mehr. Der derzeitige Regent Carl XVI. Gustaf und seine aus Deutschland stammende Frau Silvia genießen im Land hohes Ansehen.

Trotz der Ausgaben für die Königsfamilie profitiert das Land finanziell

vom Herrscherhaus. Sein gutes Image im Ausland fördere, so behaupten jedenfalls Ökonomen, den Verkauf von Ericsson-Mobiltelefonen und locke Touristen ins Land. Die schwedischen Medien behandeln die Königsfamilie äußerst rücksichtsvoll. Wer Skandalgeschichten über Thronfolgerin Victoria sowie ihre Geschwister Carl Philip und Madeleine lesen möchte, muss zur deutschen Klatschpresse greifen.

ASTRID LINDGREN

Beim Thema Kinderliteratur fällt einem sofort Astrid Lindgren ein. Die 1907 in Vimmerby geborene Autorin hat so verrückte Kinder wie Michel aus Lönneberga, Pippi Langstrumpf oder Kalle Blomquist erfunden und für ihre liebenswert-phantasievollen Geschichten weltweit Anerkennung bekommen. Die höchste Auszeichnung jedoch, der Nobelpreis für Literatur, blieb ihr verwehrt. Die Schriftstellerin lebte bis zu ihrem Tod im Jahr 2002 in einer kleinen Wohnung in Stockholm.

NOBELPREIS

Neben Astrid Lindgren und dem Regisseur Ingmar Bergman ist Alfred Nobel (1833–96) sicherlich der berühmteste Schwede. Zu Lebzeiten kam er als Erfinder und Industrieller zu Vermögen und Ansehen. Seine bekannteste wissenschaftliche Leistung war die Erfindung des Dynamits, das die moderne schwedische Waffenindustrie begründet hat. Nobel verstand seine Erfindung als Beitrag zur Sicherung des Weltfriedens. Weltweit berühmt wurde er als Stifter der nach ihm benannten Nobelpreise. Seit 1901 werden alljährlich die „größten Leistungen für die Menschheit" auf den Gebieten der Literatur, der Medizin oder Physiologie, der Biologie, der Chemie und der Friedenssicherung mit jeweils 10 Mio. Schwedischen Kronen (ca. 1,1 Mio. Euro) bedacht. Dass der Friedensnobelpreis als einziger Preis nicht in Stockholm, sondern in Oslo verliehen wird, hängt damit zusammen, dass Norwegen damals noch zur schwedischen Krone gehörte und Alfred Nobel die republikanisch gesinnten Norweger politisch unterstützen wollte.

PERSONNUMMER

Ohne die *personnummer* ist man in Schweden ein Niemand. Die zehnstellige Zahl, die sich aus dem Geburtsdatum sowie vier weiteren Ziffern zusammensetzt, wird benötigt, um ein Konto zu eröffnen, mit der Kreditkarte einzukaufen oder einen Handyvertrag abzuschließen. Datenschutz wird in Schweden klein geschrieben: Wer Name und Adresse einer Person kennt, kann deren *personnummer* erfragen und damit z.B. deren Steuerzahlungen abfragen. Jedes Jahr veröffentlichen viele Zeitungen Aufstellungen über das Vermögen berühmter Schweden und deren zu versteuerndes Einkommen.

SCHWEDENPOP

Seit im April 1974 das bis dahin im Ausland weitgehend unbekannte Quartett Abba mit dem Song „Waterloo" den Grand Prix d'Eurovision de la Chanson gewonnen hat, sind Abba und Schweden aus dem internationalen Musikgeschäft nicht mehr wegzudenken. Die vierköpfige Band hat mehr als 300 Mio. Platten verkauft – nur die Beatles bringen es auf noch mehr. Nach dem Erfolg von Abba betraten viele weitere schwedische Musiker wie Europe, Roxette und Mando Diao die Musikbühne. Heute verdienen nur Großbritannien und die USA im Musikgeschäft mehr Geld als Schweden. Basis des schwedischen Popwunders ist die gute Ausbildung. Auch in ländlichen Gegenden sind staatlich subventionierte Musikschulen weit verbreitet. Zudem sprechen die Schweden überdurchschnittlich gut Englisch und singen problemlos in der Weltsprache der Popmusik.

SCHWEDENSTAHL

Spätestens die auch äußerlich massiv wirkenden Autos von Volvo haben den Ausdruck „Schwedenstahl" zum geflügelten Wort gemacht. Es steht ebenso für die große Wirtschaftskraft des Landes wie für politische Verwicklungen. Das in Lappland aus den tiefsten Gruben der Welt zu Tage geförderte Eisenerz ist seit über hundert Jahren ein Exportschlager und wird heute vornehmlich ins boomende China verkauft. Nach dem Zweiten Weltkrieg musste sich das neutrale Schweden vorwerfen lassen, zu lange die Deutschen mit seinen Stahlerzeugnissen beliefert zu haben. In den Jahrzehnten nach Kriegsende verhalf der Schwedenstahl der schwedischen Autoindustrie zum Aufschwung.

Mittlerweile gehören Saab und Volvo amerikanischen Herstellern.

Mit dem robusten und vermutlich verkaufsfördernden Image des Schwedenstahls bleiben sie aber bis heute verknüpft. Angeblich stammt auch der Ausdruck „schwedische Gardinen" daher, dass der harte Schwedenstahl sich bestens zur Herstellung von Gittern für Gefängnisfenster eignet.

cher sind. An kaum einem schwedischen Weltunternehmen besitzen die Wallenbergs kein größeres Aktienpaket. Sie haben erhebliche Anteile am Technikkonzern Ericsson, dem Maschinenbauer ABB, dem LKW-Hersteller Scania und dem Bankhaus SEB. Weil sie üblicherweise über Wertpapiere mit überproportionalem

Bergwerk in Kiruna: Seit einem Vierteljahrtausend wird hier Erz abgebaut

WALLENBERG

Schwedens zweite Erbmonarchie bildet seit rund 150 Jahren die Industriellenfamilie Wallenberg. Niemand ist in der schwedischen Wirtschaft so mächtig wie die Wallenbergs – auch wenn die schwedischen Besitzer von Ikea, der Modekette H & M sowie der Gründer des Getränkeverpackungsherstellers Tetrapak um einiges rei-

Stimmrecht verfügen, hat die Familie selbst dann bestimmenden Einfluss, wenn sie nicht die Kapitalmehrheit besitzt.

Die Wallenbergs sind auch ein Beispiel dafür, dass die schwedische Wirtschaft stark von Großunternehmen geprägt ist. Eine breite mittelständische Wirtschaft wie in Deutschland gibt es in Schweden nicht.

WARTEN AUF DIE MITTSOMMERNACHT

Die Schweden feiern das ganze Jahr über, vor allem aber im Sommer

> Schwedische Feste werden meist auf traditionelle Weise begangen – es wird gegessen, getrunken, gesungen und getanzt. Während an *midsommar* zu Trinkliedern Schnaps in Strömen fließt und um die Mittsommerstange herumgetanzt wird, stimmen die Schweden an *Lucia* Weihnachtslieder an und trinken *julöl*, süßliches Weihnachtsbier. Die meisten Feste finden im Sommer statt, wenn es fast rund um die Uhr hell ist.

■ OFFIZIELLE FEIERTAGE

1. Jan. Nyårsdagen (Neujahrstag)
6. Jan. Heilige Drei Könige
Påsk Karfreitag und Ostermontag
1. Mai Majdagen
Kristi himmelsfärd (Christi Himmelfahrt)
6. Juni Nationalfeiertag
Freitag nach dem 21.6. Midsommarafton
Samstag nach dem 21.6. Midsommardagen
Alla helgons dag (Allerheiligen)
25. Dez. Juldagen (Weihnachten)

26. Dez. Annandag jul (Stefanstag)
31. Dez. Nyårsafton

■ LOKALE FESTE ■

Ende Januar
Kiruna Snöfestival: In Lappland werden die besten Schnee- und Eisskulpturen prämiert. Außerdem Rentierrennen

Anfang Februar
Jokkmokk Marknad: 1605 schlugen die Samen erstmals ihr Winterlager in Jokkmokk auf und handelten dort. Noch heute wird dort samisches Kunsthandwerk angeboten.

März
Vasaloppet: Das Skilanglaufrennen zwischen Sälen und Mora wird von Festen und Konzerten begleitet. *Erste Woche um den 1. März herum*

30. April/1. Mai
Valborg: Mit riesigen Lagerfeuern an der Küste und Picknick im Park feiern viele Schweden die Ankunft des Früh-

Aktuelle Events weltweit auf www.marcopolo.de/events

lings. Danach geht es zur traditionellen Maikundgebung.

Juni

⭐ *Midsommar:* Höhepunkt des Jahres. Am Freitag nach der Sommersonnenwende (21. Juni) ziehen die Schweden aufs Land, um den längsten Tag zu feiern. In Trachten gekleidet, tanzen Jung und Alt um die Mittsommerstange *majstång* herum.

Insider Tipp

Peace & Love: Junges Rock- und Popfestival mit gesellschaftspolitischem Anstrich in Schwedens neuer Musikhauptstadt *Borlänge (Ende Juni)*

Allsång: Zum *allsång* traf sich das ganze Dorf zum Singen. Im Stockholmer Freilichtmuseum Skansen wird die Tradition jedes Jahr auf einer riesigen Bühne zelebriert. Andernorts findet der *allsång* in kleinerer Form statt. *Ende Juni bis Anfang August*

Juli

Stockholm Jazzfestival: Auf der Insel Skeppsholmen mitten in der Hauptstadt treten lauter bekannte Musiker auf, dabei wird außer Jazz auch Soul und Pop gespielt.

August

Medeltid: In der ersten Augusthälfte lassen viele Orte das Mittelalter wieder aufleben. Besonders empfehlenswert sind die Festivals in *Visby* (auf Gotland) und in *Arboga*.

Kräftskiva: Den August über laden Familien und Firmen zum traditionellen Flusskrebsessen inkl. Liedern und Schnaps ein.

Dezember

Lucia: Mit vielen Kerzen auf dem Kopf bringt Santa Lucia Licht ins nordische Dunkel. Weil man früher annahm, die Wintersonnenwende sei am 13. Dezember, findet das Fest alljährlich an diesem Tag statt. Dann zieht ein Mädchen, gefolgt von einem Chor, durch Schulen, Universitäten und die Innenstädte. Die Wahl zur Lucia gleicht mancherorts einer Misswahl.

> KÖTTBULLAR, KREBSE UND KNÄCKEBROT

Die schwedische Küche überzeugt mit guten Produkten und einfachen Gerichten

> Das raue Klima und die lange Zeit hohe Bedeutung von Landwirtschaft und Fischfang haben Schwedens Esskultur nachhaltig geprägt. Die traditionellen Gerichte sind simpel, der Variantenreichtum ist beschränkt. Weil die klassischen schwedischen Zutaten wie Kartoffeln, Fisch, Fleisch und Pilze von hoher Qualität sind, gibt es in Schweden dennoch jede Menge gut schmeckender Gerichte.

Einige schwedische Köche gehören gar zu den Besten ihrer Zunft. In den letzten Jahren haben sie gleich mehrfach einen der vordersten Plätze bei den internationalen Kochweltmeisterschaften belegt. Der Erfolg schlägt sich vor allem in der Stockholmer Restaurantszene nieder. In der Hauptstadt gibt es eine Hand voll Häuser, die mit mindestens einem Michelinstern ausgezeichnet worden sind. Natürlich sind dort auch die Preise entsprechend. Vorsicht ist dagegen bei den vielen *kvarterskrog,*

> *www.marcopolo.de/schweden*

ESSEN & TRINKEN

den preisgünstigeren Gaststätten, und deren Angebot *dagens rätt* angesagt. Diese Tagesgerichte kosten zwar inklusive Salat, Brot und Kaffee oftmals keine 8 Euro, aber leider ist die Qualität nicht immer die beste. In den meisten Gaststätten stellen Sie sich die Mahlzeiten aber wie in einer Kantine selbst zusammen – so können Sie sich zuvor ein Bild machen.

Zur schwedischen Esskultur gehören auch die *gatukök* genannten Straßenküchen. Die dort servierten Hot Dogs und Würstchen mit Kartoffelbrei sind sicher nicht jedermanns Sache, doch wer nicht wenigstens einmal an einer dieser Imbissbuden gegessen hat, hat nicht die komplette schwedische Küche kennen gelernt.

Gefragt nach ihrem Lieblingsessen, lautet die Standardantwort vieler Schweden *husmanskost.* Diese traditionellen Gerichte unterscheiden sich von Region zu Region. Oft gehört

Hering dazu und die eine oder andere Art von *bullar*, Frikadellen aus Fisch *(fiskbullar)* oder Fleisch *(köttbullar)*. Besonders die vielen Sorten *sill* – Hering, auf lauter unterschiedliche Art angemacht – zeigen, dass auch aus wenigen Zutaten kreative Küche entstehen kann. Überhaupt wird Fisch in Schweden viel häufiger serviert als in Kontinentaleuropa. Am beliebtesten ist neben Hering weiterhin Dorsch. Häufig stehen auch Rentier oder Elch auf der Speisekarte.

Viele der traditionellen Gerichte sind an eine bestimmte Jahreszeit gebunden. Im August lädt ganz Schwe-

> SPEZIALITÄTEN

Genießen Sie die typisch schwedische Küche!

älg – Elch, als gulaschartiger Eintopf *(älggryta)* oder Steak *(älgbiff)* serviert

filmjölk – dickflüssige Sauermilch. Pur oder mit Früchten und Müsli ein Genuss

fiskbullar – Fischfrikadellen, die es in Dosen im Supermarkt zu kaufen gibt

hjortronsylt – Marmelade aus Moltebeeren, erinnert farblich und geschmacklich am ehesten an Sanddorn

Kalles Kaviar – Fischeier aus der Tube, zum Teil mit Frischkäse gemischt. Wird einfach aufs Brot gestrichen (Foto)

kanelbullar – Zimtschnecken aus Hefeteig

knäckebröd – das klassische schwedische Trockenbrot

köttbullar – Fleischklöße, die gerne mit Kartoffeln und Preiselbeermarmelade *(lingon)* gegessen werden

kräftor – Flusskrebse, mit Dill gekocht. Im August weden sie beim traditionellen *kräftskiva* mit viel Schnaps verzehrt

lingon – Preiselbeeren, werden zu vielen Wildgerichten als Beilage serviert

lussekatter – Hefegebäck mit Safran, das traditionell vor Weihnachten gegessen wird

semla – Hefegebäck, gefüllt mit einer Marzipansahnemasse, wird gern auf heißer Milch serviert

sill – Hering. Eingelegte Filetstückchen (z. B. als *senapsill* in Senfsauce, mit Zwiebeln als *löksill* oder als *skärgårdssill* mit Crème fraîche und Fischrogen) gibt es im Glas in jedem Supermarkt zu kaufen. Alle Sorten stehen an *midsommar* beim *sillbord* auf dem Tisch. Die Heringsfilets werden auch geräuchert oder gebraten gegessen

surströmming – um ihn länger haltbar zu machen, wurde Hering früher gegoren. Daraus entstand eine zwar streng riechende, aber außergewöhnlich schmeckende Spezialität

tunnbröd – dünnes Brot, eine Art helles Knäckebrot aus Nordschweden. Es wird häufig zusammen mit *surströmming* gegessen

Schweden lieben Süßes – und Konditoreien

den zu *kräftskiva* ein, dem alljährlichen Flusskrebsessen.

Eine weitere Esstradition ist das *julbord*, ein üppiges Buffet mit Pasteten, Käse, Fisch und Fleisch, das nur um die Weihnachtszeit herum aufgebaut wird. Während des restlichen Jahres wird zum *smörgåsbord* gebeten, einem Buffet mit ebenfalls jeder Menge schwedischer Zutaten – Hering, Lachs und anderer Fisch in diversen Varianten, Beeren und Pilze, Krabben, Schinken, Pasteten, Käse, frische Früchte und und und. Die Buffets gibt es auf Betriebs- oder Privatfeiern in Restaurants, oder sie werden daheim aufgebaut.

Zum Essen wird in Schweden tagsüber meist Limonade *(läsk)*, Milch *(mjölk)* oder Leichtbier *(lättöl)* getrunken, abends Bier mit normalem oder erhöhtem Alkoholgehalt *(öl* bzw. *starköl)* oder Wein *(vin)*. Getränke mit einem Alkoholgehalt von über 3,5 Prozent können nur in den staatlichen Systembolaget-Geschäften gekauft werden. Die haben zwar eingeschränkte Öffnungszeiten, dafür aber ein hervorragendes Angebot.

Weil der Alkohol in Schweden viel Geld kostet, ist es vor allem bei jüngeren Leuten üblich, dass zu Partys und zu Abendessen jeder Gast seine Getränke selber mitbringt. Leitungswasser gibt es in den meisten Restaurants und Kneipen gratis. Es kann bedenkenlos getrunken werden. Nur rauchen dürfen Sie dort nicht. In allen Restaurants und Bars herrscht Rauchverbot.

Das Frühstück ist mit Brot und Marmelade oder Käse eher kontinental ausgerichtet, ein Schluck Sauermilch *(filmjölk)* darf allerdings nie fehlen. Das Mittagessen *(lunch)* wird bereits relativ früh ab 11.30 Uhr eingenommen. Auch das Abendessen, das in Schweden verwirrenderweise *middag* heißt, wird schon gegen sechs Uhr serviert. Als Beilage kommt stets Brot auf den Tisch, das meist mit Zimt gewürzt oder mit Sirup gesüßt wurde. Das berühmte Knäckebrot schmeckt hingegen vor allem nach Korn.

Die Schweden naschen gern. Zu Tee und Kaffee gibt es häufig Zimtschnecken *(kanelbullar)* oder Wienerbrot. In Kiosken und Supermärkten stapeln sich auf langen Regalen Bonbons, Weingummis und andere Süßigkeiten. Die so genannten *godis* werden grammweise verkauft. Damit diese nicht im Übermaß genossen werden, haben viele Familien einen *godisdag* eingeführt. Nur an diesem Wochentag bekommen die Kinder ihre heiß geliebten Süßigkeiten.

HANDGEMACHT ODER LUFTGETROCKNET

Vom Kunsthandwerk bis zum Rentierfleisch

> Jede Region Schwedens hat ihre ganz eigenen Spezialitäten, die sich sehr gut als Mitbringsel eignen. Das gilt vor allem für die essbaren Souvenirs. Aber auch ansonsten ist die Bandbreite recht groß; traditionell zählen schwedisches Glas und Design zu den beliebtesten Geschenken. Schnäppchenjäger sollten auf jeden Fall nach herabgesetzter Ware *(rea)*, Artikeln zweiter Wahl oder Restposten *(fynd)* Ausschau halten.

DESIGN

Nicht erst seit Ikea ist Schweden tonangebend, was Wohndesign betrifft. So haben es Accessoires der Gruppe *Designhouse Stockholm* (DHS) schon in den Shop des New Yorker Museum of Modern Art geschafft. Lampen, Geschirr und Kerzenständer von *DHS (www.design-house.se)* finden Sie in vielen Designläden.

Neben H & M haben sich inzwischen auch andere schwedische Modelabels fest auf dem internationalen Markt etabliert. Klamotten von *Tiger of Sweden,* *Whyred* und *Acne Jeans* zum Beispiel sind begehrt und in den größeren Städten zu haben.

GLAS

Aus der Gegend um Växjö in Småland, auch *glasriket* (Glasreich) genannt, können Sie bildschöne Vasen, Gläser und Schüsseln der Hersteller Orrefors oder Kosta Boda mitnehmen. Seit mehr als 250 Jahren üben südschwedische Glashütten ihr Handwerk aus. Sie können zusehen, wie das Glas hergestellt wird, und es günstig direkt ab Fabrik kaufen.

KUNSTHANDWERK

Samisches Kunsthandwerk wird entlang der nordschwedischen Landstraßen von Samen selbst verkauft; wirkliche Qualitätsprodukte gibt es allerdings nur in den Zentren der samischen Bevölkerung in Lappland wie in *Jokkmokk* (wo auch die entsprechende Handwerksschule ihren Sitz hat) oder in *Gällivare* nördlich des Polarkreises. Ebenfalls handgemacht sind die so genannten Dalarnapferde.

> EINKAUFEN

Die roten, traditionell in der Provinz Dalarna hergestellten Holztiere sind dekorativ und auch als Spielzeug oder Christbaumschmuck beliebt.

LEBENSMITTEL

Wer daheim schwedisches Essen genießen möchte, dem seien vor allem nordschwedische Spezialitäten empfohlen: eine Dose *surströmming* (fermentierter Hering) etwa, ein Glas *hjortronsylt* (Moltebeerenmarmelade) oder auch luftgetrocknetes Rentierfleisch. Diese Waren sind lange haltbar und deshalb bestens für den Transport geeignet.

MUSIK

CDs mit schwedischen Weihnachtsliedern oder mit dem Orchester des ehemaligen Abba-Stars Benny Andersson bringen ein Stück Kultur des Gastlandes mit nach Hause.

OUTLETSHOPS

In stillgelegten Industriegebäuden außerhalb der großen Städte haben sich Outletfirmen wie *Lager 157* (*www.lager157.com*) eingerichtet. Mit ihrem Angebot an sehr günstigen Qualitätswaren sind sie attraktiv für eine breite Käuferschicht. In *Ulricehamn* etwa, einem einst verschlafenen Nest in Westschweden, ziehen die Outletgeschäfte über eine Million Besucher pro Jahr an.

TRÖDEL & ANTIKES

Auf dem Land weisen Schilder mit dem Aufdruck *Antik* oder *Loppis* auf Trödelmärkte und -läden hin. Meist werden Möbel und andere Waren verkauft, die der Händler bei Haushaltsauflösungen in der Gegend erstanden hat. Hochwertige Stücke finden Sie eher in einem der vielen Antiquitätenläden in Stockholm.

Öffnungszeiten: Supermärkte haben meist täglich von 9 bis 21 Uhr geöffnet, auf dem Land schließen sie oft früher. Andere Geschäfte machen unter der Woche meist um 18 Uhr zu, samstags um 15 Uhr, und sonntags haben sie mit Ausnahme der Warenhäuser geschlossen.

> AM WASSER GEBAUT

In der schwedischen Hauptstadt treffen Sie überall auf Wasser – und auf ausgedehnte Grünflächen

KARTE IN DER HINTEREN UMSCHLAGKLAPPE

> **[129 E4–5]** Touristenbüros übertreiben oft, wenn sie ihre Stadt anpreisen. Im Fall von Stockholm (770 000 Ew.) aber geht der Werbeslogan „Schönheit auf dem Wasser" vielleicht nicht einmal weit genug. Denn außer Wasser hat die Schönheit Stockholm auch jede Menge Grün zu bieten.

Eine Faustregel lautet: Stockholm besteht zu einem Drittel aus Wasser, zu einem Drittel aus bebauter Fläche und zu einem Drittel aus Grünflächen. Und das Beste: Alle drei Teile sind gleichermaßen sehenswert. Im Sommer locken die Ostsee und der See Mälaren mit Bootsausflügen und Badespaß, im Winter können Sie auf Eisflächen spazieren gehen oder Schlittschuh laufen. In den vielen Parks lässt es sich zu jeder Jahreszeit wandern und in den gemütlichen Kaffee- und Teehäusern bestens entspannen.

Bild: Blick vom Kettenkarussell auf Stockholm

STOCK HOLM

Die vor über 750 Jahren gegründete Stadt besteht aus vielen Inseln, von denen die historische Altstadt Gamla Stan, der ehemalige Arbeiterstadtteil Södermalm und das Nobelquartier Östermalm die bekanntesten sind. Stockholm ist reich an Museen – neben mehreren Kunstmuseen, die sich fast allen Epochen widmen, gibt es Museen für Musik, Theater und Spielzeug. Das Stadtzentrum ist relativ klein, man kommt gut ohne Auto aus. Oder Sie benutzen eins der gut ausgebauten öffentlichen Verkehrsmittel wie Boot, Bus oder Bahn *(www.sl.se)*. Ausführliche Informationen zur Hauptstadt Schwedens finden Sie im MARCO POLO Reiseführer „Südschweden/Stockholm".

■ SEHENSWERTES ■

Einen Überblick über die aktuellen Ausstellungen bietet *www.stockholmtown.se*. In den meisten Museen ist der Eintritt für Kinder und Jugendliche bis 18 Jahren frei.

DJURGÅRDEN ⭐ [U F4–6]

Das ehemalige königliche Jagdrevier ist heute eine einzigartige Erholungsinsel mit einer Reihe von Museen und viel Grün. Gleich am Anfang der Insel liegen das Nordiska Museet

den und sein Café *(Di–So 11–16 Uhr | www.rosendalstradgard.se)*. Sie können dort auch Ökogemüse und Kräuter kaufen.

Der Weg nach Djurgården führt über die Brücke vom noblen Strandvägen oder per Boot von der Stadtmitte aus. Mieten Sie sich an der Brücke ein Fahrrad, so können Sie die In-

Schauen und shoppen ist in den schmalen Gassen von Gamla Stan ein besonderes Vergnügen

(Mo–Fr 10–16, Sa–So 11–17 Uhr | Eintritt 60 SEK | www.nordiskamuseet.se) mit einer Sammlung zur nordischen Volkskunde sowie die Liljevalchs Konsthall *(Mi/Fr–So 11–17, Di/Do 11–20 Uhr | Eintritt 70 SEK | www.liljevalchs.stockholm.se)*. Hier werden wechselnde Ausstellungen internationaler Künstler gezeigt. Empfehlenswert sind zudem der ökologische Garten Rosendals Trädgår-

sel gemütlich in einer Stunde umrunden oder einen Tag lang abfahren.

GAMLA STAN ⭐ [U C–D 4–5]

Die Altstadt ist das historische Zentrum von Stockholm und glänzt durch ihre hervorragend erhaltenen, zum größten Teil 300 bis 400 Jahre alten Bauten. Imposante Kaufmannshäuser säumen kleine Gassen und großzügige Plätze. Auf dem Hof des königlichen Schlosses wird regelmäßig die Wachablösung in Szene gesetzt. Das *Schloss* kann besichtigt werden *(Mitte Mai–Aug. tgl. 10–16, Sept.– Mitte Mai Di–So 12–15 Uhr | Eintritt 80 SEK | www.kungahuset.se)*. Den Kern der Altstadt bildet *Stortorget*, der frühere Hauptplatz, wo auch das Nobelmuseum liegt.

MAGASIN 3 [0]

Die Ausstellungsräume für zeitgenössische Kunst hat ein reicher Stockholmer seiner Stadt zum Geschenk gemacht. Das im *Frihamnen* (Freihafen) gelegene Magasin 3 ist einer der interessantesten Plätze für junge Kunst mit Schwerpunkt auf Installationen und Skulpturen. *Do 12–19, Fr–So 12–17 Uhr | Eintritt 40 SEK | www.magasin3.com*

MODERNA MUSEET [U E5]

Schwedens bekanntestes Kunstmuseum beherbergt eine der weltweit größten Sammlungen des 1968 gestorbenen französischen Objekt- und Konzeptkünstlers Marcel Duchamp. Vor dem vom Spanier Rafael Moneo entworfenen Gebäude liegt ein kleiner Park mit Skulpturen des Künstlerpaares Jean Tinguely und Niki de Saint Phalle. Schwedische Künstler sind u. a. mit Annika von Hausswolff, Ola Billgren und Öyvind Fahlström vertreten. Bildschön ist der Blick über das Wasser bis hin zur Insel Djurgården von der ☀ Terrasse des Museumscafés. Im selben Gebäude liegt auch das Architekturmuseum, nebenan das Ostasiatische Museum. *Skeppsholmen | Di–Mi 10–20, Do–So 10–18 Uhr | Eintritt 80 SEK | www.modernamuseet.se*

NATIONALMUSEUM [U D4]

Klassische schwedische und internationale Kunst ab dem 15. Jh. ist hier zu sehen. Das Haus hat auch eine Abteilung mit schwedischem Design. Das Restaurant im Untergeschoss bietet ==mittags ein umfangreiches,==

MARCO POLO HIGHLIGHTS

★ **Djurgården**
Natur pur, mitten in der Stadt (Seite 32)

★ **Drottningholm**
Der imposante Sitz der Königsfamilie kann besichtigt werden (Seite 40)

★ **Gamla Stan**
Im historischen Zentrum sind die jahrhundertealten Häuser bestens erhalten (Seite 32)

★ **Schloss Gripsholm**
Tucholskys Idylle mit Schloss am See Mälaren (Seite 40)

★ **Nobelmuseet**
Alles über den bekanntesten Preis der Erde (Seite 34)

★ **Stockholmer Schären**
Unzählige Inseln – ein Paradies für Kanuten und Segler (Seite 41)

★ **Skansen**
Freilichtmuseum und Tierpark liegen mitten in der Stadt (Seite 34)

★ **Vasamuseet**
Einzigartig: ein fast komplett erhaltenes Schiff aus dem 17. Jh. (Seite 35)

==preiswertes Buffet== mit exquisiten Zutaten. *Södra Blasieholmshamnen, Di/Do 11–20, Mi/Fr–So 11–17 Uhr | Eintritt 80 SEK | www.nationalmu seum.se*

NATURHISTORISKA RIKSMUSEET [O]

Entdecken Sie die Weiten des hohen Nordens, die spannende Entstehungsgeschichte Schwedens und lernen Sie mehr über die Herausforderungen des Klimawandels in Skandinavien. Schwedens größtes Museum, 1739 von Carl von Linné gegründet, bietet mit Imax-Kino und Planetarium zudem dreidimensionale Leckerbissen. *Di, Mi, Fr 10–19, Do 10–20, Sa/So 11–19 Uhr | Frescativägen 40 | Eintritt 50 SEK | www.nrm.se*

NOBELMUSEET ⭐ [U C5]

Zum 100. Geburtstag der ersten Nobelpreisverleihung wurde das Museum in Gamla Stan eröffnet. Im Zentrum stehen der Mensch Alfred Nobel sowie die Forschungsmilieus der bisherigen Preisträger. *Börshuset Stortorget | 16. Sept.–15. Mai Di 11–20, Mi–So 11–17, 16. Mai–15. Sept. Mi–Mo 10–17, Di 10–20 Uhr | www. nobelmuseum. se*

SKANSEN ⭐ [U F5]

Im Freilichtmuseum auf Djurgården sind rund 150 kulturhistorische Bauwerke aus allen Teilen des Landes ausgestellt. In mehreren Gehegen leben Tiere aus der skandinavischen Wildnis. Am 21. Juni findet in Skansen das traditionelle Mittsommerfest

Goldener Saal im Stadshuset: Hier dinieren alljährlich die Nobelpreisträger

Freilichtmuseum Skansen: viel Kulturgeschichte und ein schöner Park zum Verschnaufen

statt, im Winter ein Weihnachts-markt. *Djurgården | Park Okt.–April tgl. 10–16, Mai 10–20, Juni–Aug. 10–22, Sept. 10–17 Uhr; Bauwerke Mai–Sept. 11–17, Okt.–April 11–15 Uhr | Eintritt Sept.–April 50 SEK | Mai–Aug. 70 SEK | www.skansen.se*

STADSHUSET ❋ [U A–B4]

Der Ziegelsteinturm mit den drei Kronen auf der Spitze ist das Wahr-zeichen der schwedischen Haupt-stadt. Die Aussicht über Gamla Stan, Södermalm und Kungsholmen ist einzigartig. In der blauen Halle und dem goldenen Saal des Rathauses findet im Dezember das Nobelpreis-dinner statt. Außer dem Turm kann das Stadshuset nur im Rahmen einer Führung besucht werden. *Hantver-kargatan 1 | Turm April Sa/So 10–16.15, Mai–Sept. tgl. 10–16.15 Uhr | Eintritt 20 SEK | Führungen (auch auf Englisch) Okt.–Mai tgl. 10 und 12, Juni–Aug. auch 11, 14 und 15 Uhr, Sept. auch 14 Uhr | 60 SEK | www.stockholm.se/stadshuset*

VASAMUSEET ⭐ [U F4]

1628 sank die Vasa bei ihrer Jung-fernfahrt. Erst 350 Jahre wurde das Kriegsschiff gehoben. Nun steht es in einem der interessantesten Museen Schwedens. Dokumentiert ist dort auch die spannende Konstruktions-und Bergungsgeschichte des Schiffes. *Galärvarvsvägen 14 | 21. Aug–9. Juni Fr–Mi 10–17, Do 10–20, 10. Juni–20. Aug. tgl. 8.30–18 Uhr | Eintritt 80 SEK | www.vasamuseet.se*

■ ESSEN & TRINKEN ■

BRASSERIE GODOT [U D2]

Exzellente Küche in entspannter, ele-ganter Atmosphäre. Überwiegend französisch inspirierte Gerichte. Weinkeller mit 300 Sorten. Preiswer-teres Barmenü. *So geschl. | Grev Tu-regatan 36 | Tel. 08/660 06 14 | www.godot.se | €€€*

OPERAS BAKFICKAN [U C4]

Hier stehen vor allem traditionelle schwedische Gerichte wie Fleisch-klopse oder Fisch auf der Speise-karte. Die Gäste sitzen dicht gedrängt auf hohen Stühlen an der Bar oder am Fenster. *Operahuset | Karl XII:s torg | Tel. 08/676 58 07 | www.opera kallaren.se | €€*

WEDHOLMS FISK [U D3]

Der Küchenchef versteht sich be-sonders gut auf die Zubereitung von

Meerestieren. Der Guide Michelin hat ihn dafür mit einem Stern gekrönt. Im klassisch-schlichten Ambiente dominieren nordische Hölzer. An der Bar im vorderen Bereich wird etwas günstigeres Essen serviert. *So geschl.* | *Nybrokajen 17* | *Tel. 08/ 611 78 74* | *www.wedholmsfisk.se* | €€€

■ EINKAUFEN ■

Die großen Einkaufsstraßen liegen in der Nähe von *Sergels Torg,* ein paar Gehminuten vom Hauptbahnhof entfernt. Die noblen Modeboutiquen haben sich in der *Biblioteksgatan* und der *Birger Jarlsgatan* angesiedelt. Jede Menge Antiquariate säumen die *Drottninggatan.* Das Kaufhaus *Nordiska Kompaniet (NK)* in der *Hamngatan* beherbergt viele renommierte schwedische und internationale Modemarken und eine Abteilung für Glas und Kunsthandwerk.

In *Gamla Stan* gibt es v. a. Touristenläden, die klassische Souvenirs wie hölzerne Dalarnapferde verkaufen, in *Södermalm* rund um die *Folkungagatan* viele kleine Modeboutiquen. Für Designfans sind die *Designtorget*-Geschäfte (z. B. im *Kulturhuset* | *Sergelstorg*) sowie die *Nybrogatan* mit ihren Möbel- und Antiquitätenläden empfehlenswert. Viele Geschäfte haben auch sonntags geöffnet.

Plattenfans aus aller Welt strömen **Insider Tipp** zu *Pet Sounds (Skånegatan 53* | *www.petsounds.se),* das eher an ein Wohnzimmer als an einen Laden erinnert, auch ein Café und einen kleinen Buchladen beherbergt. In Schwedens berühmtestem Plattenladen können Sie bei Musik jenseits des Mainstreams und einem Kaffee herrlich den Tag verbringen.

■ ÜBERNACHTEN ■

Sie sollten früh buchen, v. a. im Sommer. Hotelzimmer gibt's auch über *Hotellcentralen (Tel. 08/50 82 85 08* | *www.stockholmtown.com)* im Hauptbahnhof. Bed & Breakfast-Übernachtungen vermitteln *Bed & Breakfast Service Stockholm (Tel. 08/660 55 65* | *www.bedbreakfast.se)* und das *Bed & Breakfast Center Stockholm (Tel. 08/730 00 03* | *www.bed-and-breakfast.se).*

AF CHAPMAN & SKEPPSHOLMEN   [U D–E5]

Die Jugendherberge ist in einem alten Segelboot untergebracht. Es gibt auch Zimmer im Gebäude nebenan. *293 Betten* | *Flaggmannsvägen 8* | *Tel. 08/ 463 22 66* | *Fax 611 71 55* | *www.stfchapman.com* | €

CLARION   [0]

Kunsthotel in Södermalm mit individuellen Zimmern. Die Bar zieht mit Livemusik und lockerer Atmosphäre nicht nur Hotelgäste an. *562 Zi.* | *Ringvägen 98* | *Tel. 08/462 10 10* | *Fax 462 10 99* | *www.clarionstockholm.com* | €€€

NORDIC LIGHT HOTEL   [U B3] **Insider Tipp**

Gemeinsam mit dem auf der anderen Straßenseite gelegenen *Nordic Sea Hotel* mit der komplett aus Eis geschaffenen *Absolut Icebar Stockholm,* **Inside Tip** setzt das neue Nordic Light Hotel auf ein Gesamterlebnis aus Design, Event und Entspannung. Die Lage gleich am Hauptbahnhof und dem Ankunftsgleis des Flughafenexpresszuges ist sehr attraktiv. *250 Zi.* | *Vasaplan 7* | *Tel. 08/50 56 30 00* | *www.nordiclighthotel.com* | €€€

STOCKHOLM

Strategisch sehr gut gelegen für den Sturm auf Stockholms Einkaufswelt: Sergels Torg

■ FREIZEIT & SPORT

Zwischen der Ostsee und dem See Mälaren gelegen, bietet Stockholm beste Bedingungen für Wassersportler. Im Winter frieren die Gewässer der Hauptstadt oft zu und werden zu riesigen Eissportflächen. Achtung – betreten Sie nur Flächen, auf denen schon andere fahren! Bei Schnee lässt sich in den Parks zudem hervorragend Langlaufski fahren, und auf einem Berg im Süden der Stadt gibt es gar einen Hang für Abfahrtsskiläufer.

FAHRRADFAHREN UND
INLINESKATEN   [U F3]

Direkt an der Brücke zu Djurgården wird bei *Djurgårdsbrons Sjöcafé* jedes Fortbewegungsmittel vermietet, das keinen Lärm macht und sich deshalb bestens dafür eignet, Stockholms Natur zu entdecken. *Ca. 70–100 SEK pro Stunde | Galärvarvsvägen 2 | Tel. 08/660 57 57*

KANUFAHREN   [0]

Eine Kanutour durch die Stockholmer Schären ist eine schöne, wenngleich anstrengende Alternative zu einer Fahrt mit dem Ausflugsboot. Der Kanuklub *Brunnsvikens Kanotcentral* liegt an einem Ostseeausläufer nördlich des Stadtzentrums. Brunnsviken eignet sich für kleinere Paddeltouren auf dem ruhigen Gewässer oder als Ausgangspunkt für eine größere Tour in die Schären. *Frescati Hagväg 5 | Kanu ab 100 SEK für zwei Stunden | Tel. 08/ 15 50 60 | www.bkk.se*

KUTSCHFAHRTEN UND
PFERDESCHLITTENTOUREN   [0]

Das Fuhrunternehmen *Häståkeriet CW Carina Westman* arrangiert Kutschfahrten und Reitausflüge sowie im Winter Pferdeschlittentouren durch Djurgården. *Ausritt ab 350 SEK pro Stunde pro Person | Kutsch-*

Insider Tipp

fahrt ab 130 SEK pro Person | Fredrik Bloms väg | Tel. 08/57 02 77 98 | www.hastakeriet.se

STRÄNDE

Badestrände gibt es sowohl am See Mälaren als auch an der Ostsee und deren Ausläufern sowie auf den vielen Inseln in den Schären. Einige der Strände sind vom Stadtkern aus zu Fuß zu erreichen, andere sind per Bus und Bahn oder per Boot angebunden.

BRUNNSVIKSBADET   [0]

In der Stockholmer Innenstadt gibt es wohl kein anderes Strandbad, das so viel Ruhe, Abwechslung und Kinderfreundlichkeit bietet. Wer nicht den ganzen Tag schwimmen oder auf den

Klippen am Rande des Ostseeausläufers Brunnsviken in der Sonne liegen möchte, kann Kanus mieten oder im nahen Botanischen Garten und Haga-Park spazieren gehen. *Frescati Hage | Roslagsbanan Haltestelle Universitet*

LÅNGHOLMENS STRAND OCH KLIPPBAD   [0]

Auch die kleinere Insel Långholmen verfügt über einen empfehlenswerten Badestrand. *Tunnelbana | Haltestelle Hornstull | Tel. 08/50 81 10 00*

AM ABEND

Das Stockholmer Nachtleben spielt sich v. a. in *Södermalm* und rund um den *Stureplan* ab. Wer es lässig mag, ist in Södermalm gut aufgehoben. Die

> BLOGS & PODCASTS
Gute Tagebücher und Files im Internet

> *www.schwedentor.de/forum/* – Im „Schwedentor" findet sich die Blogger-Community mit Schwedeninteresse wieder.

> *http://sweport.schweden-blog.net* – Lesenswerte Überlegungen etwa darüber, wie sich Chefs in Schweden von solchen in Deutschland unterscheiden, wie „Wahlschweden" am einfachsten Kontakte zu den Einheimischen herstellen oder wie es ein Mitteleuropäer in der nordischen Mittwinterdunkelheit aushält.

> *www.stadtwanderer.net/blog/index.php* – Jeden Sommer beschäftigt sich einer der bekanntesten Blogger der Schweiz, der Publizist Claude Longchamp, mit den Höhen und Tie-

fen seines Hüttenlebens im Zehnmeilenwald (Tiomilaskogen) zwischen Värmland und Dalarna.

> *www.devblog.visitsweden.com* – Neuer Blog des staatlichen schwedischen Tourismusverbandes

> *feed://www.sr.se/Podradio/xml/sri_tyska.xmlwww.muster.de* – Der öffentlich-rechtliche schwedische Rundfunk betreibt mit Radio Schweden einen eigenen deutschsprachigen Informationsdienst, der Nachrichten, Wetterberichte und weitere Infos rund um Schweden vermittelt, die als Podcast abonnierbar sind.

> *feed://www.podster.de/tag/schweden/rss* – Gute Auswahl individueller Podcasts zu und über Schweden

Für den Inhalt der Blogs & Podcasts übernimmt die MARCO POLO Redaktion keine Verantwortung.

Gegend um Stureplan herum ist dagegen sehr schick. Vor den Clubs bilden sich ab 23 Uhr meist Schlangen, manche Türsteher sind sehr streng.

BERNS ▶▶ [U D3]

Im „Roten Zimmer" des Berns traf sich schon in August Strindbergs 1879 erschienenem gleichnamigen Roman die Stockholmer Künstlerszene. Das Haus mit Bar, Club, Hotel und Restaurant hat bis heute nichts von seinem Reiz verloren. *Berzelii Park | So–Mi 17–1, Do–Sa 17–4 Uhr | Tel. 08/56 63 22 22 | www.berns.se*

FOLKOPERAN [U B6]

Vor fast 30 Jahren gegründet, um die klassische Opernwelt aufzufrischen, ist die Stockholmer Volksoper mittlerweile zur Institution geworden. Auch wer kein Schwedisch versteht, bekommt gute Unterhaltung geboten. *Hornsgatan 72 | Tel. 08/616 07 50 | www.folkoperan.se*

SÖDRA TEATERN/MOSEBACKE ▶▶ [U D6]

Die Bar mit Konzertbühne ist einer von Södermalms Klassikern. Hier spielen vor allem junge, aufstrebende Bands und etablierte Gruppen jenseits des Mainstreams. Im Sommer können Sie bereits tagsüber auf der riesigen ☀ Terrasse mit herrlicher Aussicht über die Stadt sitzen. *Öffnungszeiten von Veranstaltung abhängig | Mosebacke Torg 3 | Tel. 08/55 60 98 90 | www.mosebacke.se*

◾ AUSKUNFT ◾◾◾◾

HOTELLCENTRALEN [U B4]

Centralstationen (Hauptbahnhof) | Tel. 08/50 82 85 08 | Fax 791 86 66 | www.stockholmtown.com

Im Berns trifft Prunk auf schlichte Eleganz

STOCKHOLM TOURIST CENTRE [U C3]

Sverigehuset | Hamngatan 27 | Ecke Kungsträdgården | Tel. 08/50 82 85 08 | Fax 50 82 85 09 | www.stockholmtown.com

◾ ZIELE IN DER UMGEBUNG ◾

BIRKA [129 E4]

Zu Wikingerzeiten war die auf *Björkö* (Birkeninsel) gelegene Stadt der wichtigste Handelsplatz des Reiches. Überreste der damaligen Bebauung und ein großes Gräberfeld wurden nach und nach entdeckt. Das *Birkamuseet* informiert anschaulich über die Geschichte der Stadt und den Alltag ihrer damaligen Bewohner. *Im Sommer per Boot von Stockholm aus erreichbar | Mai–Sept. | Eintritt im Bootsticket inbegriffen | www.raa.se/birka. 30 km westlich*

SCHLOSS DROTTNINGHOLM ⭐ [129 E4]

Der Sitz der schwedischen Königsfamilie wurde im 17. Jh. in Anlehnung an Schloss Versailles erbaut. Der Museumstrakt im unbewohnten Teil

>LOW BUDGET

> Aus der schwedischen Hauptstadt stammt das mittlerweile weltweit erfolgreiche Gratiszeitungskonzept *Metro*; es gibt hier inzwischen weitere 47 kostenlose Zeitschriften und Zeitungen. Abgesehen von rein schwedischen Veranstaltungs- und Musikblättern wie „Groove" erscheinen das Reisemagazin *Stockholmstown (www.stockholmtown.com)* und das Gaymagazin QX *(www.qx.se)* auch in englischer Version. Die Gazetten liegen in Hotels, Bars und Clubs aus.

> Zwar ist der Gratiszugang zu Stockholms Museen abgeschafft, aber mit der *Stockholm Card* haben Sie nicht nur freie Fahrt in allen öffentlichen Verkehrsmitteln, sondern auch freien Eintritt zu mehr als 75 Museen und Sehenswürdigkeiten. Die Karte gibt es für ein, zwei oder drei Tage, kostet ab 260 SEK (Kinder 7–17 Jahre 100 SEK) und ist über *www.stockholmtown.com* erhältlich.

des Hauptgebäudes ist eingerichtet wie zu seinen Entstehungszeiten – schauen Sie sich an, wie die Herrschaften damals wohnten.

Im Park stehen der Chinesische Pavillon und das berühmte Schlosstheater mit einer für die damalige Zeit einzigartigen Bühnentechnik. Noch heute, rund 250 Jahre nach dem Bau der Bühne, finden hier in den Sommermonaten Theateraufführungen statt. Anfang Dezember ist der Park Schauplatz des traditionellen *Julmarknad* (Weihnachtsmarkt). *Park und Schloss Mai–Aug. tgl. 10–16.30, Sept. 12–15.30, Okt.–Mitte Dez. und Anfang Jan.–April Sa/So 12–15.30 Uhr | Eintritt 60 SEK | Tel. 08/ 402 62 80 | www.kungahuset.se. 10 km westlich*

SCHLOSS GRIPSHOLM ⭐ [129 E5]

Kurt Tucholsky schrieb 1931 mit „Schloss Gripsholm" eine Hommage an seine schwedische Exilheimat und das entspannte Leben dort. Darin prägte er den Begriff „die Seele baumeln lassen". Mit seinem Roman hat Tucholsky das Schloss und seine Umgebung weit über Schweden hinaus bekannt gemacht. Das Städtchen Mariefred (5000 Ew.) mit dem massiven, festungsartigen Schloss liegt direkt am See Mälaren und kann von Stockholm aus im Sommer auch per Boot angefahren werden.

Wie so viele Bauten in Schweden wurde auch Gripsholm von Gustav Vasa in Auftrag gegeben. Das 1544 fertig gestellte Schloss mit seinen wuchtigen Türmen diente u.a. als Gefängnis, Karl V., sein letzter Bewohner, lebte dort bis 1864. *15. Mai– 15. Sept. tgl. 10–16, 16. Sept.–17.*

Wenn das Tucholsky noch erlebt hätte: „Sein" Gripsholm – heute so anziehend wie damals

Dez. und 3. Jan.–14. Mai Sa/So 12–15 Uhr | Eintritt 60 SEK | www.gripsholmsslott.se. 60 km westlich

STOCKHOLMER SCHÄREN ⭐ [129 F4–5]

Stockholm ist bekannt für seine wunderschöne Inselwelt direkt vor den Toren der Stadt. Im Sommer kann dort geschwommen, gesegelt und sonnengebadet werden. Berühmtestes Ziel ist *Sandhamn* mit seinem großen Segelhafen. Hier trifft sich tagsüber Jung und Alt. In der Bar am Hafen ist auch abends jede Menge los. Auch der Winter ist in den Schären überaus reizvoll. Die Landschaft wirkt noch karger und rauer als sonst – ein Naturerlebnis, das man so schnell nicht vergessen wird.

Führungen durch die Schärenwelt vermittelt die *Schären-Stiftung (Tel. 08/440 56 00 | www.skargardsstiftelsen.se).* Auf etlichen Inseln gibt es Zeltplätze, Jugendherbergen und Hotels. Einige Inseln können per Auto oder Bus erreicht werden. Ausflugsboote in die Schären fahren vom Nybroplan und Strandvägen.

VÄLLINGBY [129 E4] Insider Tipp

Wenn Sie sich einen unverfälschten Eindruck von Stockholm und den Lebensbedingungen der Einwohner der schwedischen Hauptstadt machen wollen, sollten Sie unbedingt einmal in den Vorort Vällingby fahren. In den 1950er-Jahren beschlossen die regierenden Sozialdemokraten, am Rande der Hauptstadt so genannte ABC-Vororte zu errichten, um den Wohnungsmangel wirksam zu bekämpfen. Diese Orte sollten Arbeitsstätten *(arbete),* Wohnungen *(bostad)* und ein lebendiges Zentrum *(centrum)* bieten und den Stockholmern ein angenehmes, stressfreies Wohnen und Leben ermöglichen.

Vällingby ist ein architektonisch und städtebaulich sehr interessantes Kontrastprogramm zum historischen Stadtkern Stockholms. Architekten und Städtebauer aus der ganzen Welt zieht es zu dem riesigen Komplex aus Wohnungen, Büros und Geschäften. *U-Bahnstation Vällingby | www.vallingbycentrum.se. 10 km nordwestlich*

> VERWUNSCHENE ORTE AN DER OSTSEEKÜSTE

Schwedens Süden lockt mit Badefreuden an Ostseeinseln und hübschen Städtchen

> **Idyllische Städtchen am Vätternsee, historische Fischerdörfer an der Ostseeküste, außerdem traditionsreiche Arbeiter- und Universitätsstädte sowie die zwei größten Inseln des Landes – der Süden ist eine sehr abwechslungsreiche Gegend, zu der mit Småland und Schonen die bekanntesten Landschaften Schwedens gehören.** Es gibt keinen schöneren Zugang zum Süden, als mit dem Auto oder dem Zug über die neue Öresundbrücke von Dänemark aus ins Land zu

fahren und dann an jeder Ecke Halt zu machen. Die alte Arbeiterstadt Malmö hat seit der Eröffnung der Brücke im Jahr 2000 einen neuen Aufschwung erlebt – viele Dänen zieht es dorthin, weil die Lebenshaltungskosten niedriger sind als in ihrer Hauptstadt. Und weil die Lebensqualität ebenfalls hoch ist.

Im Landesinneren der südlichen Provinz Skåne (Schonen) lockt die Dom- und traditionsreiche Universi-

Bild: Blick auf Visby und seine mittelalterliche Stadtmauer

DER SÜDEN

tätsstadt Lund mit ihren vielen historischen Bauten und dem pulsierenden Studentenleben. Schwedens bekannteste Region ist Småland – dank Astrid Lindgren, die ihre Geschichten hier ansiedelte. Eine Tour durch diese Landschaft ist wie eine Fahrt mit den Kindern aus Bullerbü auf dem Mähdrescher. Vor der Ostküste Smålands liegen die beiden Ostseeinseln Öland und Gotland. Im Sommer werden sie zu den beliebtesten Ba-

deinseln der Nation, im Herbst und Frühjahr bleiben die Besucher fast aus. Dann locken Öland und Gotland als Orte der Ruhe.

GOTLAND

[127 F1–3] Auf der größten Insel der Ostsee herrscht ein milderes Klima als im Rest des Landes – das zieht die Wärme suchenden Schweden an. Hier gedeihen sogar Orchideen. Visby, Gotlands

GOTLAND

einzige Stadt, war einst ein wichtiges Mitglied des Hanseverbunds. Mit den schmucken Häusern und der mittelalterlichen Ringmauer ist der ehemalige Reichtum Visby noch heute anzusehen. An den Küstenstreifen ragen die für Gotland so charakteristischen, bizarr geformten Felstürme, *Raukar* genannt, auf.

■ SEHENSWERTES

FÅRÖ ★

Kilometerlange Strände, von der Natur geschaffene Felsskulpturen und eine Kirche mit mittelalterlichem Fundament – das im Norden gelegene Fårö bietet alle Highlights Gotlands auf engstem Raum *(10 Min. Fährüberfahrt jede halbe Stunde ab Fårösund).* Kein Wunder, dass Regisseur Ingmar Bergman sich im Alter hier niedergelassen hat. Wer etwas kürzer bleiben möchte, bucht sich am besten im Feriendorf mit angeschlossener Jugendherberge ein *(Sudersands Semesterby | Fårösund | 41 Cottages mit 4–6 Betten | Tel. 0498/22 35 36 | Fax 22 36 73 | www. sudersand.se | €)* oder bei *Fårögården Bed & Breakfast (Fårösund | Tel. 0498/ 20 33 00 | Fax 20 33 90 | €).*

LÄNSMUSEET GOTLAND

In den Ausstellungen der neun zum *Länsmuseet Gotland (www.lansmu seetgotland.se)* gehörenden Häuser und historischen Stätten spiegelt sich die künstlerische und kulturhistorische Entwicklung der Insel wider. Das *Kunstmuseum in Visby* zeigt vor allem Malerei aus dem 19. und 20. Jh. *(15. Mai–14. Sept. tgl. 10–17, 15. Sept.–14. Mai Di–So 12–16 Uhr | Eintritt 30 SEK | St. Hansgatan 21 | Visby).* Das *Fornsalen (15. Mai–14. Sept. tgl. 10–17, 15. Sept.–14. Mai Di–So 12–16 Uhr | Eintritt 60 SEK | Strandgatan 14 | Visby)* zeigt beeindruckende Schätze aus der Wikingerzeit und mittelalterliche Kirchenkunst. Im Süden der Insel liegt *Petes Museigården (15. Juni–30. Aug. tgl. 11–17 Uhr | Eintritt 40 SEK | Hablingbo),* ein originalgetreu eingerichtetes Haus des 18. Jhs. Auf der ☆ Terrasse mit Meeresblick werden Kaffee und frisch gebackener Kuchen serviert. **Insider Tipp**

VISBY ★

Gotlands einzige Stadt (22 000 Ew.) kann ihre mittelalterlichen Wurzeln nicht verbergen: Die engen Gassen und Häuser mit Treppengiebel sind von einer bis zu 12 m hohen und über 3 km langen Stadtmauer umgeben. Der Grundriss Visbys entspricht auch heute noch weitgehend dem vor 700 Jahren, viele historische Häuser sind erhalten. Besonders sehenswert, da in bestem Zustand, ist die *Gamla Apoteket (Alte Apotheke | Strandga-*

Die bizarren Felstürme an den Stränden Fårös, Raukar, wirken wie von Menschen geschaffen

tan). In der einstigen Hansestadt gab es im Mittelalter mindestens 16 Kirchen, für einen Ort dieser Größe eine unglaublich hohe Zahl. Nur die Domkirche wird noch genutzt, die anderen sind Ruinen oder wurden völlig zerstört.

■ ESSEN & TRINKEN ■

SMAKRIKE KROG

Auch kulinarisch besteht Gotland längst nicht nur aus Visby. In Ljugarn an der Südostküste sorgt das Wirtspaar Lotta und Rickard Hasselblad für besonders geschmackvolle Erlebnisse. Empfohlen seien u. a. die hausgemachten Teigwaren mit Schafskäse- und Selleriefüllung. *März–Dez.* | *Claudelins Väg 1* | *Tel. 0498/ 49 33 71* | *www.smakrike.se* | €€€

CLEMATIS

Findige Gastronomen machten aus dem alten Lagerhaus des 13. Jhs. ein

MARCO POLO HIGHLIGHTS

Wirtshaus wie im Mittelalter. Nicht nur die Rezepte sind alt, es wird auch so gegessen wie anno dazumal – einziges Besteckteil ist ein Messer. *Juni–Aug. tgl., Dez. auf Anfrage | Strandgatan 20 | Visby | Tel. 0498/ 29 27 27 | www.clematis.se | €€*

■ ÜBERNACHTEN

FERIENHÄUSER

Über die ganze Insel verstreut liegen viele Feriendörfer und -häuser, die meisten an der Westküste nahe. Zum nächsten Strand ist es nie weit. *Gotlands Turistservice* vermittelt Unterkünfte in den meisten Anlagen *(Tel. 0498/20 33 00 | Fax 20 33 90 | www. gotlandsturistservice.com).*

JERNVÄGSHOTELLET

Seit über 40 Jahren ist das gotländische Eisenbahnnetz stillgelegt, doch in Visby können Sie noch immer im „Eisenbahnhotel" übernachten. Und das zu sehr moderaten Preisen im Zentrum der Altstadt. Das familiäre Hotel ist ganzjährig geöffnet, in der Nebensaison ist aber telefonische Voranmeldung erforderlich. *6 Zi. | Adelsgatan 9 | Tel. 0498/27 17 07 | www.gtsab.se/jernvagshotellet | €*

WISBY HOTELL

Zentral gelegenes Haus mit mittelalterlicher Architektur. *134 Zi. | Strandgatan 6 | Visby | Tel. 0498/ 25 75 00 | Fax 25 75 50 | www.wisby hotell.se | €€€*

■ AUSKUNFT

GOTLANDS TURISTFÖRENING

Skeppsbron 4–6 | Visby | Tel. 0498/ 20 17 00 | Fax 20 17 17 | www.got land.info

KARLSKRONA

[127 D4] Am Ende einer Bucht hinter den südöstlichen Schären gelegen, verteilt sich Karlskrona (61 000 Ew.) auf zahlreiche Inseln. Jahrhundertelang hat die Marine die Stadt geprägt. Der Beschluss, Karlskrona zum Marinestützpunkt auszubauen, fiel nach dem Frieden von Roskilde (1658). Damals bekam Schweden Teile von Dänemark zugeschlagen. Um das vergrößerte Reich besser verteidigen zu können, wurde ein Flottenstützpunkt im Süden errichtet. Anfang des 18. Jhs. gehörte Karlskrona zu den drei größten Städten des Landes. Mittlerweile ist der Einfluss der Seestreitkräfte stark zurückgegangen. Die beeindruckenden Bauten am Stortorget zeugen aber noch von der früheren Bedeutung Karlskronas.

■ SEHENSWERTES

MARINMUSEUM

Hier wird die militärische Geschichte des Ortes lebendig. Gezeigt werden Bootsausrüstungen wie nautisches Gerät und Waffen sowie historische Modelle der auf der Werft gebauten Schiffe. Highlight ist ein gläserner Tunnel, der die Sicht auf ein im Wasser liegendes Schiffswrack aus dem 18. Jh. freigibt. *Juni–Aug. tgl. 10–18, Sept.–Mai Di–So 11–17 Uhr | Eintritt frei | www.marinmuseum.se*

STORTORGET

Imposant sind die Bauten rund um den zentralen Platz Stortorget, die höchste Erhebung der Stadt. Die *Fredriks-* und die *Dreifaltigkeitskirche* hat der berühmte Architekt Nicodemus Tessin d. J. Mitte des 18. Jhs.

Alles über Schiffe: Marinmuseum

stützpunkt erahnen. Der ganze südliche Teil der Halbinsel Trossö ist Werftgelände. Die riesige Reepschlägerbahn (gebaut 1692–93), in der bis 1960 das Tauwerk für Marineschiffe hergestellt wurde, ist mit 300 m Länge Schwedens längster Holzbau. Die Anfang des 18. Jhs. errichteten Trockendocks Lindholmsdock und Polhemsdock waren die ersten ihrer Art im Lande und sind bis heute in Betrieb. Während früher bis zu 270 Mann das Dock per Hand mit Hilfe von Ledersäcken leerten, übernehmen heutzutage Pumpen diese Arbeit. *Führungen Mai und Sept. Sa 12–14, Anfang bis Mitte Juni Mi/Sa 12–14, Ende Juni–Ende Aug. tgl. 12–14 Uhr | www.navalcity.org*

■ ESSEN & TRINKEN ■

NIVÅ

Rustikales, zentral gelegenes Steakhaus. *So geschl. | Norra Kungsgatan 3 | Tel. 0455/103 71 | www.niva.nu | €€*

■ ÜBERNACHTEN ■

HOTELL CONRAD

Familienhotel im Zentrum. Golfspieler können gegen einen kleinen Aufpreis eine der vielen Anlagen in der Umgebung Karlskronas nutzen. *58 Zi. | Västra Köpmansgatan 12 | Tel. 0455/36 32 00 | Fax 36 32 05 | www.hotelconrad.se | €€*

■ STRÄNDE ■

Die Schären von Karlskrona eignen sich hervorragend für einen Badeausflug. Die größeren wie *Aspö, Tjurkö* und *Sturkö* sind auch mit dem Auto erreichbar, schöner ist jedoch eine Bootstour. Auf vielen der Inseln gibt es Feriendörfer und Campingplätze.

im Auftrag der deutschen Gemeinde entworfen. Auf dem Platz steht auch die Statue des ehemaligen Regenten Karl XI. Am 20. Juni, dem Tag vor Mittsommernacht, wird hier alljährlich der *Lövmarknad* abgehalten. Auf dem Markt werden unter anderem hübsche Blumenkränze, geflochten aus Pflanzen der Region Blekinge, verkauft. Am Rande des Stortorget steht auch das Rathaus.

VARVET ⭐

Das Gelände der alten Werft lässt allein durch seine Ausmaße die frühere Bedeutung Karlskronas als Marine-

KARLSKRONA

▣ AUSKUNFT ▣

Stortorget 2 | Tel. 0455/30 34 90 |
Fax 30 34 94 | www.karlskrona.se

▣ ZIELE IN DER UMGEBUNG ▣

KALMAR ⭐   [127 D3]

So massiv, als könne es auch heute
von niemandem eingenommen werden, thront das Kalmarer Schloss, das
am besten erhaltene Renaissanceschloss des Landes, auf einer eigenen
Insel im Slottsfjärden. Kalmar (35 000
Ew.) war lange bedeutende Handelsstadt an der Grenze zur ehemals dänischen Provinz Blekinge. Seit dem Bau
der Autobrücke nach Öland ist die
Stadt bestens für einen Zwischenstopp
geeignet. Das Schloss ist heute ein
Museum, besonders sehenswert sind
die luxuriösen Schlafgemächer *(Mai,
Juni, Sept. tgl. 10–16, Juli 10–18,
Aug. 10–17 Uhr, Okt.–April nur am
Wochenende bzw. jedes zweite Wo-
chenende geöffnet | Eintritt 75 SEK |
Kungsgatan 1 | www.kalmarslott.kal
mar.se). 80 km nordöstlich*

Von Kalmar sind es noch gut 130
km nördlich bis in die typisch små-
ländische Kleinstadt *Vimmerby*
(8000 Ew.), Astrid Lindgrens Heimatort, wo ein Museum und ein Frei-
lichtpark Jung und Alt in den Bann
der bekanntesten Kinderbuchautorin
der Welt ziehen *(www.alv.se).*

ÖLAND   [127 D–E 2–4]

Rau und lang gestreckt wie die
Schneide eines Messers ist die zweitgrößte Insel Schwedens. Weil es nir-
gends weit zur Küste ist, pfeift der
Wind überall auf der Insel. Dafür
kann man fast überall baden. Auch
für Radtouren eignet sich Öland hervorragend. Sehenswert ist nahe
Borgholm (2500 Ew.) die Ruine von
Schloss Borgholm, das Anfang des
19. Jhs. durch einen Brand zerstört
wurde *(Museum April und Sept. tgl.
10–16, Mai–Aug. tgl. 10–18 Uhr |
Eintritt 50 SEK | www.borgholms
slott.se). 100 km nordöstlich*

VÄXJÖ   [126 C3]

Die alte Handelsstadt (77 000 Ew.) ist
Zentrum des *Glasriket* (Glasreich), in
dem Schwedens traditionsreiche

Fast zu schön, um wahr zu sein: Das Renaissanceschloss Kalmar liegt auf einer eigenen Insel

Glashütten stehen. Zwischen Växjö und Kalmar sind noch mehr als ein Dutzend Glashütten in Betrieb, die größtenteils besichtigt werden können. Außerdem werden dort Glasprodukte ausgestellt und verkauft *(z. B. in Orrefors und Kosta | meist Mo–Fr 9–18, Sa 10–16, So 12–16 Uhr | Eintritt ca. 60 SEK | www.glasriket.se).*

In Växjö beeindrucken der Dom mit dem Doppelturm und das moderne Konzerthaus. Zwischen 1850 und 1930 haben rund 1 Mio. Schweden ihr Land verlassen, um in Amerika ihr Glück zu suchen – diese Auswanderwelle steht im Mittelpunkt der Ausstellung des *Utvandrarnas Hus (Sept.–April Di–Fr 9–16, Sa 11–16, Mai–Aug. Mo–Fr 9–17, Sa und So 11–16 Uhr | Eintritt 40 SEK | Vilhelm Mobergs gata 4 | www.utvandrarnashus.se). 110 km nordwestlich*

Michel tobt in Vimmerby

MALMÖ

[126 B5] Die alte Industriestadt im Süden ist für viele Reisende ihr erster Anlaufpunkt in Schweden. Wer mit dem Zug oder

Auto von Kopenhagen aus über die Öresundbrücke anreist, landet fast unweigerlich in Schwedens drittgrößter Stadt (270 000 Ew.). Malmö ist zugleich Hauptstadt der Provinz Skåne (Schonen). Der historische Stadtkern liegt auf einer Insel direkt vorm Hauptbahnhof. Ausflugsboote schippern über die Kanäle, eine herrliche Art, um die Hafenstadt zu erkunden. Wer durch die weitgehend verkehrsberuhigten Gassen schlendert, fühlt sich wie in einer Kleinstadt. Ganz anders der neue Stadtkern: Hier reihen sich Plattenbauten an alte Bürgerhäuser.

■ SEHENSWERTES ■

GAMLA STADEN

Die Altstadt ist einer der größten Besuchermagneten in Malmö. Im histo-

Turning Torso: Wer hat denn daran gedreht?

rischen Stadtkern sind viele Geschäfte angesiedelt, es gibt jede Menge Cafés und Restaurants, v. a. rund um den Marktplatz *Stortorget*. Am Baustil der Häuser erkennt man die Nähe zu Dänemark, zu dem Malmö und Skåne lange Jahre gehörte.

MALMÖ KONSTHALL

Eine große Halle mit viel Platz für zeitgenössische, zumeist nordeuropäische Kunst. Im angrenzenden Café gibt es am Wochenende Brunch mit Livemusik. *Mo–Fr 11–17, Mi bis 21 Uhr | Eintritt frei | St. Johannesgatan 7 | www.konsthall.malmo.se*

Insider Tipp

ROOSEUM ⭐

Malmös zweites Haus für zeitgenössische, vor allem nordeuropäische Kunst ist in einem alten Elektrizitätswerk untergebracht. Das Rooseum lädt immer wieder Künstler ein, einige Monate in Malmö zu arbeiten und ihre Werke anschließend hier auszustellen. *Mi 14–20, Do–So 12–18 Uhr | Eintritt 40 SEK | Gasverksgatan 22 | www.rooseum.se*

SLOTTET MALMÖHUS

Im ältesten noch erhaltenen Renaissanceschloss Nordeuropas gibt es außer dem Schlossmuseum auch eine Art Aquazoo sowie Ausstellungen zur Geschichte und Natur von Skåne. *Sept.–Mai tgl. 12–16, Juni–Aug. tgl. 10–16 Uhr | Eintritt 40 SEK | Malmohusvägen | www.malmo.se/museer*

SLOTTSPARKEN

Direkt am Rande der Altstadt gelegen, ist der Schlosspark das zentrale Naherholungsgebiet der Malmöer. Alte Bäume, ein See und Wiesen machen ihn zum beliebten Ziel für freie Nachmittage und Abende.

TEKNIKENS OCH SJÖFARTENS HUS

Technikfreunde kommen in den benachbarten Häusern voll auf ihre Kosten. Ausgestellt sind im Technik- und Schifffahrtsmuseum Fahrzeuge, Flugapparate, Boote und nautisches Gerät von der Wikingerzeit bis heute. Eine Dauerausstellung zeigt die Entwicklung Malmös von der Kaufmanns- und Handwerkerstadt zum Industriezentrum und schließlich zur Dienstleistungshochburg. *Sept.–Mai tgl. 12–16, Juni–Aug. tgl. 10–16 Uhr | Eintritt 40 SEK | Malmöhusvägen | www.malmo.se/museer*

VÄSTRA HAMNEN

Auf dem Reißbrett entwarfen Architekten einen neuen Stadtteil, der dem ehemaligen Hafengelände neues Leben einhauchen soll. Hier steht auch Malmös neues Wahrzeichen, das 54 Stockwerke hohe Büro- und Wohnhaus *Turning Torso (www.turning torso.com)*. Mit 190 m Höhe ist es das höchste Wohnhaus Europas.

■ ESSEN & TRINKEN
ATMOSFÄR

Eines der besten Restaurants des Landes. Die leichte Küche mit viel Fisch lässt keine Wünsche offen. Da kann man darüber hinwegsehen, dass der Service in dieser Preisklasse besser sein könnte. *So und Mo geschl. | Fersens väg 4 | Tel. 040/12 50 77 | www.atmosfar.com | €€€*

FRANSKA BAGERIET

Das Lokal lädt von außen kaum zum Verweilen ein. Doch hat man erst ein Plätzchen gefunden, wird man vom breiten und köstlichen Angebot an Backwaren und Getränken überrascht. Für schwedische Verhältnisse ungewöhnlich öffnet die *Franska Bageriet* zudem schon frühmorgens um 5 Uhr. *So geschl. | Henrik Smiths gata 8 A | Tel. 040/ 97 33 52 |* €

SALT & BRYGGA

In diesem direkt am Wasser gelegenen Restaurant stehen Meerestiere (z. B. gegrillte Muscheln und Bouillabaisse) ganz oben auf der Speisekarte. Die Köche legen Wert darauf, möglichst viele ökologische Zutaten

>LOW BUDGET

> Stenåsabadets Camping liegt wunderschön an der ruhigen Westküste der Ostseeinsel Öland und bietet den Stellplatz für Zelt oder Wohnwagen für umgerechnet 10 Euro die Nacht – auf Wunsch mit Stromanschluss. Wer's solider mag, mietet eine der Hütten für 30 Euro/Nacht. *Stora Brunneby | Mörbylånga | Tel. 0485/ 440 78 | www.stenasa.com*

> Bernsteine gibt es nicht nur in der südlichen Ostsee, sondern auch in Schweden. Davon kann man sich im Bernsteinmuseum im Süden Ostschonens bei Ravlunda überzeugen. 1969 wurde hier ein über zehn Kilogramm schweres Stück gefunden. Gehen Sie in der Umgebung des Museums auf die Suche und finden Sie Ihren eigenen Bernstein – ganz umsonst. *Im Sommer tgl. 10–17, im Winter Sa/So 11–17 Uhr | Södra Mariavägen 4 | Höllviken | Eintritt 20 SEK | www. brost.se*

zu verwenden. *Sundspromenaden 7 | Tel. 040/611 59 40 | www.salto brygga.se | €€*

SALUHALLEN
In den Markthallen in der Altstadt gibt es gleich eine Hand voll Restaurants – vom Schnellimbiss bis zum noblen Fischrestaurant. *So geschl. | Johan P. Lilla Torg | €–€€*

■ ÜBERNACHTEN
Es empfiehlt sich, über die Website *www.malmo.se/turist* zu buchen, dort gibt es immer wieder ==attraktive Sonderangebote.==

Insider Tipp

ACCOME MAZETTI
Zentral gelegenes, modernes Haus. ==Die großzügigen Zimmer sind mit Küchenzeile ausgestattet.== *68 Zi. | Norra Skolgatan 24 | Tel. 040/ 641 30 00 | Fax 641 30 99 | www. accome.com | €€*

Insider Tipp

FORMULE 1
Zentrale Lage, trotzdem preiswert. Auf den Komfort eines eigenen Bades müssen Sie allerdings verzichten. *75 Zi. | Lundavagen 28 | Tel. 040/ 93 05 80 | Fax 18 36 40 | www. hotelformule1.com | €*

SCANDIC KRAMER
Traditionshotel in imposantem Gebäude im Herzen der Stadt. *113 Zi. | Stortorget 7 | Tel. 040/693 54 00 | Fax 693 54 11 | www.scandic-hotels. se/kramer | €€€*

■ AM ABEND
SLAGTHUSET ▶▶
Im alten Schlachthaus nördlich des Hauptbahnhofs trifft sich halb Malmö zum Trinken, Essen und Tanzen. *Jörgen Kocksgatan 7A | Tel. 040/10 99 00 | www.slagthuset.se*

TEMPO BAR & KÖK ▶▶
Lokal mit Bar, stets lockere Stimmung. *Tgl. | Södra Skolgatan 30 | Tel. 040/12 60 21*

■ AUSKUNFT
TURISTBYRÅ
Centralstationen (Hauptbahnhof) | Tel. 040/34 12 00 | Fax 34 12 09 | www.malmo.se/turism

■ ZIELE IN DER UMGEBUNG
HELSINGBORG   [126 B4]
Die Geschichte der alten Hafen- und Handelsstadt Helsingborg (122 000 Ew.) geht bis aufs 11. Jh. zurück. Auf einer Anhöhe nahe dem Hafen und dem zentralen Platz Stortorget sind noch Reste der alten Festung *Kärnan* erhalten. ☀ Vom Turm bietet sich eine schöne Aussicht über Stadt und Sund. Die älteren Stadtteile mit vielen alten Fachwerkhäusern liegen nördlich des Stortorget.

Helsingborg liegt an der engsten Stelle des Öresunds. An schönen Tagen empfiehlt sich eine kurze Schiffstour über den Sund mit einem Abstecher in die dänische Nachbarstadt Helsingør *(bis zu 40-mal tgl. | Tour 20 SEK | www.hhferries.se). 65 km nördlich*

LUND   [126 B4–5]
Gemütliche Studentenstadt mit prächtigen Universitäts- und Kirchenbauten. Um 1000 n. Chr. gegründet, ist Lund (102 000 Ew.) eine der ältesten Städte Schwedens. Sie wurde bereits 1100 Sitz des Erzbi-

schofs und in der Folge einer der kirchlichen und kulturellen Mittelpunkte Nordeuropas. Im Stadtbild ist das bis heute zu erkennen. Am imposantesten ist die dreischiffige, im romanischen Stil erbaute *Domkirche* (12. Jh.). Der Mitte des 18. Jhs. von

aus der Mitte des 19. Jhs. gelegene *Lilla Hotellet (19 Zi. | Bankgatan 7 | Tel. 046/32 88 88 | Fax 38 58 68 | www.lillahotelletilund.se | €€). Auskunft: Turistbyrå | Kyrkogatan 11 | Tel. 046/35 50 40 | Fax 12 59 63 | www.lund.se. 20 km nordöstlich*

Besonderer Hingucker im mittelalterlichen Dom zu Lund: die prächtige astronomische Uhr

Carl Hårleman angelegte Park *Lundagård* vor der Kirche ist ein echtes Prachtstück schwedischer Gartenbaukunst.

Im Freilichtmuseum *Kulturen* wurden rund 40 historische Gebäude aus ganz Südschweden aufgebaut. Zur Sammlung gehören auch Porzellan, Glas, Textilien und Kunsthandwerk vom Mittelalter bis in die Gegenwart *(15. April–Sept. tgl. 11–17, Okt.–14. April Di–So 12–16 Uhr | Eintritt 50 SEK | Tegnérsplatsen)*.

Nobel wohnt es sich im *Grand Hotel (84 Zi. | Bantorget 1 | Tel. 046/ 280 61 00 | Fax 280 61 50 | www. grandilund.se | €€€)*. Preiswerter ist das in einem renovierten Stadthaus

YSTAD [126 C5]

In den bunten Gassen von Ystad (27000 Ew.) verfolgt Schwedens wohl berühmtester Kommissar, Kurt Wallander aus den Krimis von Henning Mankell, seine Täter. Die mittelalterliche Kleinstadt ist ein verschlafenes Nest. Doch gerade in dieser Ruhe besteht ihr Reiz. Die zahlreichen Fachwerkhäuser, die gut erhaltene Klosteranlage, die Gassen mit Kopfsteinpflaster und die Bewohner, die alle Zeit der Welt zu haben scheinen, versprechen einen entspannten Aufenthalt. *Auskunft: Turistbyrå | Sankt Knuts Torg | Tel. 0411/57 76 81 | Fax 55 55 85 | www.ystad.se. 60 km südöstlich*

> SANDSTRÄNDE UND SCHÄREN

Strandurlaub vom Feinsten an Schwedens kontrastreicher Westküste, der „Bästkusten"

> Keine andere schwedische Region bietet so abwechslungsreiche Küstenabschnitte wie die Westküste: feine Sandstrände mit bewachsenen Dünen in Halland und das felsige Ufer mit Schären in Bohuslän. Zu Recht nennen die Schweden den Abschnitt zwischen der norwegischen Grenze im Norden und Halmstad im Süden auch *Bästkusten* – beste Küste.

In der Hochsaison flanieren Einheimische und Touristen die vielen Promenaden entlang und genießen nach einem erfrischenden Bad direkt am Meer frisch geräucherten Fisch. Kulturhistorischer Höhepunkt sind die Felszeichnungen von Tanum, die zum Welterbe der Unesco gehören. Während der Bronzezeit ritzten die Menschen hier Jagdszenen in Felsbrocken.

GÖTEBORG

[126 A2] Obwohl die Stadt mit ihren 484 000 Ew. nur etwa halb so groß ist wie

Bild: Insel Hallö bei Smögen in Bohuslän

DIE WESTKÜSTE

Stockholm, ist Göteborg mindestens genauso lebendig. Die Göteborger lieben es, draußen zu sitzen, sobald die Temperaturen es zulassen. In der zweitgrößten Stadt des Landes trifft man sich in den vielen Restaurants mit Terrasse. Prachtstraßen wie die Kungssportsavenyn oder Östra Hamngatan versprühen im Sommer beinahe mediterranes Flair. Göteborg ist eine alte Handels- und Industriestadt, in der mittlerweile mehr und mehr das Dienstleistungsgewerbe eingezogen ist. Pompöse Bauten wie in Stockholm gibt es nur wenige.

■ SEHENSWERTES ■

FESKEKÖRKA ★

Weil die Spitzbögen der 1874 erbauten Halle an ein Gotteshaus erinnern, tauften die Göteborger ihre Fischhalle kurzerhand *Feskekörka* (Fischkirche). Genauso sehenswert wie die Architektur sind die fangfrischen

Meerestiere, die auch im zugehöri-
gen Restaurant (€€) angeboten wer-
den. *Di–Fr 8–17, Sa 8–13.30 Uhr |
Rosenlundsgatan*

GÖTAPLATSEN
Der am südlichen Ende der Kungssportsavenyn gelegene Platz wurde

Im Hafen von Göteborg

1923 anlässlich des 300-jährigen
Stadtjubiläums angelegt. Rund um
den Poseidonbrunnen des schwedischen Künstlers Carl Milles sind
Kunstmuseum, Stadttheater, Kon-
zerthaus und Bibliothek angesiedelt.

GÖTEBORGER HAFENGEBIET ★
Das ehemalige Industrieviertel ist
heute eine der interessantesten Gegenden der Stadt. Mit den *paddan*, flachen Ausflugsbooten, können Sie an
den großen Anlegern vorbei in die Kanäle hineinfahren. Zu Fuß gibt es am
meisten rund um den *Packhuskajen* zu
sehen. Dort liegen die an ein Schiff er-
innernde *Oper*, der 🌿 Turm *Utkiken*
mit Café und Aussichtsplattform sowie das schwimmende Schifffahrtsmuseum *Maritima Centrum.*

GULDHEDENS VATTENTORN 🌿
Nicht weit vom Botanischen Garten
entfernt, liegt etwas versteckt auf einem Berg der Wasserturm von Guld-
heden. Im Obergeschoss haben Sie
vom Café aus eine perfekte Aussicht
über Stadt und Umgebung. Im Inneren versprüht das Café eine Atmo-
sphäre zwischen Jugendherberge und
Omas guter Stube. Sie können kos-
tenlos Gesellschaftsspiele ausleihen.
*April–Aug. So–Do 11–22, Sa 11–18
Uhr | Sven J. Backe*

Inside Tipp

KONSTMUSEUM
Schwerpunkt der Sammlung bildet
nordische Kunst, gezeigt werden
Werke vom 15. Jh. bis heute. Die
Fürstenberger Galerie im Oberge-
schoss präsentiert Bilder der nordi-
schen Maler Ernst Josephson, Carl
Larsson, Peder Severin Krøyer und
Anders Zorn. *Fr–So 11–17, Di/Do
11–18, Mi 11–21 Uhr | Eintritt 40
SEK | Götaplatsen/Avenyn | www.
konstmuseum.goteborg.se*

KUNGSSPORTSAVENYN ★
Viele Geschäfte, Restaurants und Bars
säumen den Göteborger Prachtboule-

vard. Bereits im Frühjahr pulsiert auf den vielen Terrassen das Nachtleben. Die Kungssportsavenyn und ihre Verlängerung *Östra Hamngatan* führen vom Hafen zum Götaplatsen.

LISEBERG

Nordeuropas größter Vergnügungspark. Außer Riesenrad und Achterbahn gibt es auch ein Kino, Shows sowie Restaurants und Bars. Die Balder-Bahn gilt als schönste Holzachterbahn der Welt. *Ende April–Juni Mo–Fr 15–22, Sa 12–23, So 12–20, Juli–Aug. Mo–Sa 11–23, So 10–21, Sept. Fr 15–22, Sa 11–22, So 11–20 Uhr | 60 SEK plus Eintritt für Attraktionen | www.liseberg.se*

Insider Tipp

MARITIMA CENTRUM

Am Packhuskajen vor der Oper sind im Maritimen Zentrum alte Segler, Kriegs- und Feuerschiffe sowie ein U-Boot vor Anker gegangen. *März–April und Sept.–Okt. tgl. 10–16, Mai–Aug. tgl. 10–18, Nov. Mo–Fr 10–16 Uhr | Eintritt 75 SEK | Pack huskajen 81/2 | www.maritiman.se*

RÖDA STEN

Alternatives Kulturzentrum auf einem alten Fabrikgelände. Wechselndes Programm mit Kunst, Musik und Tanz. *Mi 12–19, Di, Do–So 12–17 Uhr | Eintritt 20 SEK | Röda Sten 1 | www.rodasten.com*

VÄRLDSKULTURMUSEET

Das Völkerkundemuseum zeigt Objekte verschiedener Kulturen zu den Themen Tanz, Mode, Kunst und Musik. *Di, Sa–So 12–17, Mi–Fr 12–21 Uhr | Eintritt frei | Södra Vägen 54 | www.varldskulturmuseet.se*

■ ESSEN & TRINKEN ■
CAFÉ BROGYLLEN

Sahnetortenfans werden diese Konditorei lieben. Auch Kuchen und Sandwiches. ☀ Von der kleinen

MARCO POLO HIGHLIGHTS

★ **Feskekörka**
In der Göteborger Fischkirche gibt es keinen Pfarrer und keine Kanzel. Hier werden Meerestiere bestaunt, gekauft und selbstverständlich auch gegessen (Seite 55)

★ **Göteborger Hafengebiet**
Ehemaliges Industrieviertel mit einem schwimmenden Schifffahrtsmuseum (Seite 56)

★ **Haga**
Einkaufen und gemütlich bummeln in Göteborgs altem Arbeiterviertel (Seite 58)

★ **Kungssportsavenyn**
Göteborgs Prachtstraße (Seite 56)

★ **Tanums Hällristningar**
Hier sind die jahrtausendealten Felszeichnungen am besten erhalten (Seite 60)

★ **Kallbadhus**
Ein Stückchen Orient: Das gibt es in Schwedens Westen im Kurort Varberg (Seite 64)

★ **Festung von Varberg**
Uneinnehmbar thront die Festung am Meer (Seite 63)

Terrasse schöner Blick über den Großen Kanal. *So geschl. außer im Dez. | Västra Hamngatan 2 | €*

HEAVEN 23 ▶▶ ☀

Der Himmel ist ganz nah in der 23. Etage der Gothia Towers. In Göteborg gibt es kein höheres Gebäude und vermutlich kein Restaurant mit einem besseren Blick. *Tgl. | Tel. 031/750 88 05 | €€*

SJÖBAREN

Fischrestaurant im Stadtteil Haga. Das Gebäude stammt teilweise aus dem 19. Jh. *Tgl. | Haga Nygata 25 | Tel. 031/711 97 80 | €€*

SMAKA

Schwedische Hausmannskost. Mit beheizter Terrasse. *Tgl. | Vasaplatsen 3 | Tel. 031/13 22 47 | €*

◼ EINKAUFEN ◼◼◼

★ *Haga*, der ehemalige Arbeiterstadtteil hat sich zum beliebten Wohnort und zur Flaniermeile der Göteborger entwickelt. Modegeschäfte, Buchläden, Secondhandshops, Antiquitätenhandlungen und Cafés säumen die Straßen. *www.hagashopping.nu*

◼ ÜBERNACHTEN ◼◼◼

ELITE PLAZA

Erste Adresse der Stadt. In dem Designhotel steigen Stars wie Bruce Springsteen und Tina Turner ab. Die Zimmer sind klassisch eingerichtet, der Service ist top. *144 Zi. | Västra Hamngatan 3 | Tel. 031/720 40 00 | Fax 720 40 10 | www.elite.se/hotell/goteborg/plaza | €€–€€€*

NOVOTEL

Das Haus liegt direkt beim Anleger der Boote, die zwischen Göteborg und Kiel verkehren. ☀ Einige Zimmer bieten Blick aufs Wasser. Im Sommer und am Wochenende wohnen zwei Kinder gratis im Zimmer ihrer Eltern, ebenfalls ==inbegriffen ist der Eintritt für zwei in den Vergnügungspark Liseberg.== *148 Zi. | Klippan 1 | Tel. 031/720 22 00 | Fax 720 22 99 | www.novotel.se | €€*

Inside Tipp

SPAR HOTEL

Der Name ist Programm. Die Übernachtungen in den beiden zentral ge-

> ## ▶LOW BUDGET

> ▸ Mit einer normalen Fahrkarte der Göteborger Verkehrsbetriebe *(www.vasttrafik.se)* dürfen Sie auch sämtliche Schiffe nutzen, die im Stadtgebiet verkehren. Dazu zählt z. B. auch der südliche Schärengarten mit den idyllischen Inseln Styrsö und Vargö, die noch bis vor wenigen Jahren militärisches Sperrgebiet waren.

> ▸ In der kleinen Provinz Dalsland zwischen Göteborg und Karlstad können Sie sich in *Bengtfors* (am Ende der Museumsbahn von Mellerud) für 90 SEK/Std. (260 SEK/Tag) eine Draisine mieten und auf den Schienen der stillgelegten Strecke 52 Kilometer in Richtung Årjäng in Varmländ fahren. Für die Rückreise empfiehlt sich eine Kanutour auf dem Dalslandskanal *(4 Tage ab 730 SEK | www.dvvj.com).*

> ▸ Freitags bieten einige Göteborger Bars und Restaurants ein kostenloses After-Work-Buffet: Wer ein Getränk bestellt, muss nichts fürs Essen zahlen.

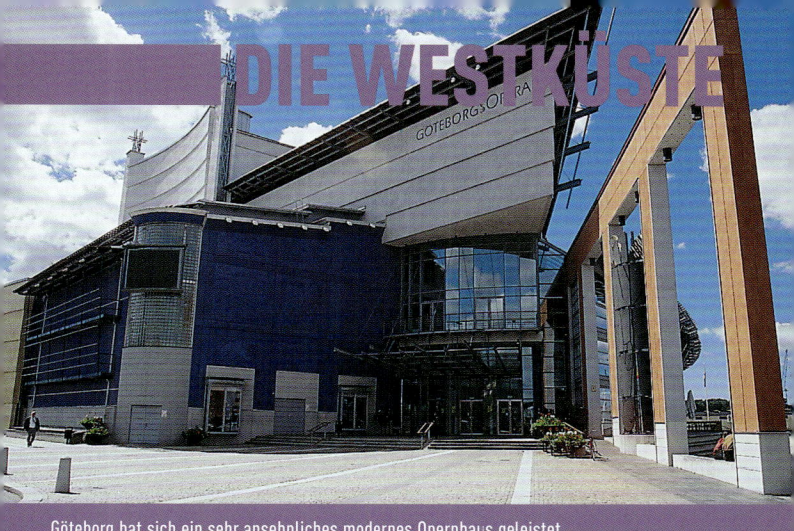

Göteborg hat sich ein sehr ansehnliches modernes Opernhaus geleistet

legenen Spar-Hotels sind sehr preiswert. Schlichte Zimmer, aber alle mit Fernseher und Schreibtisch. Für längere Aufenthalte können Sie Räume mit Miniküche buchen. *Spar Hotel Gårda | 170 Zi. | Norra Kustbanegatan 15–17 | Spar Hotel Majorna | 150 Zi. | Karl Johansgatan 66–70 | Tel. 031/752 03 10 (beide Häuser) | Fax 752 03 99 (Gårda) | Fax 751 07 99 (Majorna) | www.sparhotel.se | €*

■ AM ABEND ■

Die *Kungssportsavenyn* ist auch am Abend erste Wahl. Neben Restaurants und Cafés gibt es dort jede Menge Bars und Clubs. Mit gleich mehreren Bars wartet das *Nivå* (*Kungssportsavenyn 9*) auf. Das junge Publikum trifft sich in der *Lounge* (*Kungssportsavenyn 5*). Etwas trendiger sind die Lokale an der *Vasagatan* und der *Magasingatan*, z. B. das *Bliss Resto* (*Magasingatan 3 | mit Restaurant*). Für Ballett-, Musical- und Opernfreunde lohnt sich immer ein Besuch der *Oper* am Hafen (*Christina Nilssons Gata | Tel. 031/13 13 00 | www. opera.se*). Oder Sie besuchen eine der Abendveranstaltungen im Vergnügungspark *Liseberg (Tel. 031/ 40 01 00)*.

■ AUSKUNFT ■

TURISTBYRÅ

Kungssportsplatsen 2 | Tel. 031/ 61 25 00 | Fax 61 25 01 | www.gote borg.com.

■ ZIELE IN DER UMGEBUNG ■

KUNGÄLV   [126 A1]

Im Hochmittelalter war Kungälv eine der größten Städte Norwegens, seit 1658 ist die heutige Kleinstadt (8000 Ew.) schwedisch. Aus der norwegischen Zeit (14. Jh.) existiert noch die mächtige *Festung Bohus* (Mai–Aug. tgl. 10–19, Sept. tgl. 11–17, Okt. Sa/So 11–15, April Sa/So 11–17 Uhr) direkt vor der Stadt. Sehenswert sind auch die Häuser aus dem 18. und 19. Jh. in der *Västragatan* sowie die fürs protestantische Schweden ungewöhnlich farbenfroh ausgeschmückte Kirche mit Barockelementen. *www.vast sverige.com/kungalv. 20 km nördlich*

LYSEKIL [126 A1]

Der historische Fischer- und Badeort (14 000 Ew.) erlebte seine Blütezeit im 18. Jh. durch die lukrative Heringfischerei. Einige Häuser aus dieser Zeit sind noch erhalten. Im *Museum Havets Hus (Strandvägen 9 | 29. Aug.–12. Juni tgl. 10–16, 13. Juni–28. Aug. tgl. 10–18 Uhr | Eintritt 75 SEK)* sind mehr als 100 verschiedene Arten von Meeresbewohnern der Region zu sehen. *www.lyse kil.se. 50 km nordwestlich*

MARSTRAND [126 A1]

Auf einer Felseninsel in den Schären liegt dieses schmucke, im 13. Jh. gegründete Städtchen (1500 Ew). Es kann von Göteborg aus über die Brücke mit dem Auto oder in einer schönen Bootstour erreicht werden. Im 17. Jh. entstand die *Carlstens-Festung (Juni–Aug. tgl. 11–16, Sept.–Mai Sa und So 11–16 Uhr | Eintritt 60 SEK | www.carlsten.se).* Im Sommer wird Marstrand zu einem der Zentren des Segelsports an der Westküste *(www.marstrand.org). 20 km nordwestlich*

SMÖGEN ▶▶ [126 A1]

Ursprünglich Fischerort, hat sich Smögen längst zum attraktiven Badeort herausgeputzt. Im Sommer bringt ein Boot Besucher auf die winzige Schäreninsel Hallö. In dem Naturreservat sind viele Vogelarten und 130 verschiedene Gewächse beheimatet. *60 km nordwestlich*

TANUMS HÄLLRISTNINGAR ★ [128 A5]

Die Gemeinde Tanum ist berühmt für die vielen Zeichnungen, die vor über 2500 Jahren in Granitfelsen geritzt wurden. An mehr als 250 Stellen sind Felsbilder zu finden, die oftmals Jagdszenen darstellen. Sie wurden 1994 in die Welterbeliste der Unesco aufgenommen. Die größten Abbildungen gibt es in Vitlycke, etwas

Felsbilder von Tanum: vor mehr als 2500 Jahren in Stein geritzt

südlich von Tanum. Dort können Sie sich in einem Museum auch über die Entstehung der Zeichnungen und die Lebensbedingungen während der Bronzezeit informieren. *Vitlycke 2 | April–Sept. tgl. 10–18 Uhr | Eintritt 60 SEK | www.vitlyckemuseum.se. 130 km nördlich*

TJÖRN [126 A1]

Gut mit dem Auto zu erreichende, größere Schäreninsel (15 000 Ew.) mit der einzigartigen rauen Natur der Westküste. Umfangreiche Freizeitangebote wie Schwimmen, Reiten und Wandern. Das neue nordische *Aquarellmuseum* am Strand von Skärhamn *(Okt.–Mai Di–So 12–17, Do bis 20, Juni–Sept. tgl. 11–18 Uhr | Eintritt Okt.–Mai 45 SEK, Juni–Sept. 70 SEK | Södra Hamnen 6 | www.akvarellmuseet.org)* stellt mitten in der Provinz renommierte Maler wie den Dänen Michael Kvium aus. Das ☀ Museumsrestaurant bietet einen der schönsten Ausblicke in der Gegend auf die unzerstörte Natur der Schären. Einige Gästeateliers können als Unterkunft gemietet werden. *70 km nordwestlich*

UDDEVALLA [128 A6]

Weil der historische Handelsort (50 000 Ew.) zweimal von verheerenden Bränden heimgesucht wurde, stammen die meisten Gebäude aus der Zeit nach 1800. Auf dem *Kungstorget* steht die Statue von Karl X. Gustav und seinem Ratgeber Erik Dahlberg (1625 –1703). Im *Bohusläns Museum (Di–Do 10–20, Fr–So 10–16 Uhr | Eintritt frei | Museigatan 1 | www.bohusmus.se)* wird die Geschichte der Region erzählt. *80 km nördlich*

Fischer- und Segelhafen im beliebten Ferienort Smögen

HALMSTAD

[126 B3] **Die Hafenstadt (88 000 Ew.) ist das Zentrum der Region Halland. Sie erstreckt sich über weite Teile der nördlichen Laholmbucht.** Im Stadtgebiet gibt es jede Menge Strände und schöne Uferpromenaden, die im Sommer gut besucht sind. Von den 1920er- bis in die 1970er-Jahre hinein arbeitete in der Stadt die *Halmstadgruppe,* ein Zusammenschluss surrealistischer Künstler. Deren Werke schmücken Rathaus und Stadtbibliothek. In einem Park am Ufer des Nissan stehen Skulpturen von Pablo Picasso sowie des schwedischen Bildhauers Walter Bengtsson.

■ SEHENSWERTES ■

GALGBERGET ☀

Der bewaldete Hügel ist ein beliebtes Ausflugsziel. Vom Aussichtsturm des

Freilichtmuseums (11. Juni–14. Aug. tgl. 12–18 Uhr | von außen können die Gebäude stets besichtigt werden) bietet sich ein guter Blick über die Stadt.

LÄNSMUSEET HALMSTAD
Stadt- und Kunstmuseum in einem. In der Kunstgalerie werden Werke schwedischer Künstler des 20. Jhs., darunter auch der Halmstadgruppe, gezeigt. *Di, Do–So 12–16, Mi 12–20 Uhr | Eintritt 40 SEK | Tollsgatan | www.hallmus.org*

MJELLBY KUNSTMUSEUM
Das Museum zeigt Werke der legendären surrealistischen Künstlervereinigung *Halmstadgruppen* sowie wechselnde Ausstellungen anderer Künstler. *6. März–30. Okt. Di–So 13–17 Uhr | Eintritt frei | Mjellby Konstpark | www.halmstad.se/mjellby*

NORRE PORT
Das nördliche Stadttor wurde zu Beginn des 17. Jhs. als Teil der Stadtbefestigung des neuen Halmstad errichtet. Von dort aus führt die *Storgatan* mit ihren prächtigen alten Häusern zum *Stora Torget.* Auf der anderen Seite des Stadttores befindet sich der *Norre Katts Park,* ein kleines Naherholungsgebiet direkt am Fluss Nissan.

ÖVRABY KYRKORUIN
Die Kirchenruine ist das einzige Überbleibsel aus der Zeit Anfang des 13. Jhs., als Halmstad entstanden ist.

SCHLOSS
Das Anfang des 17. Jhs. vom dänischen König erbaute Schloss ist heute die Residenz des *landshövding* (Landeshauptmann) von Halland. An einigen Tagen im Sommer kann es nach Voranmeldung besichtigt werden *(Tel. 035/13 20 31 | Eintritt 30 SEK).* Am Ufer des Nissan hat das ehemalige Segelschulschiff *Najaden* festgemacht *(im Sommer Besichtigungen möglich | Anfragen im Turistbyrå).*

◼ ESSEN & TRINKEN ◼
LILLA HELFWETET
Direkt am Fluss Nissan gelegenes Restaurant mit guter Küche und um-

Das Mjellby Kunstmuseum besticht durch seine Ausstellungen und durchs Ambiente

fangreicher Weinkarte. Abends mit Unterhaltungsprogramm. *So geschl. | Hamngatan 37 | Tel. 035/21 04 20 | €€*

■ ÜBERNACHTEN ■

TYLEBÄCK

Schickes Haus in naturnaher Umgebung. Auch Vermietung von Hütten. *40 Zi. | Kungsvägen 1 | Tel. 035/19 18 00 | Fax 324 60 | www.tyleback. se | €–€€*

■ STRAND ■

TYLÖSAND

Bekanntester Badestrand der Region mit langem Sand- und Klippenstrand. Auf dem Weg nach Tylösand liegt das *Miniland,* in dem schwedische Sehenswürdigkeiten in Miniatur nachgebaut sind *(Halmstad Äventyrsland | 24. Juni–1. Sept. tgl. 10–20 Uhr | Eintritt 150 SEK | Gamla Tylösandsvägen).* Im großzügigen Ambiente des *Tylösand Spa-Hotels (225 Zi. | Tylohusvägen | Tel. 035/305 00 | Fax 324 39 | www.tylosand.se | €€–€€€)* lässt es sich gut entspannen. Mit empfehlenswertem Restaurant *Akvarell.*

■ AUSKUNFT ■

TURISTBYRÅ

Halmstad Slott | Tel. 035/13 23 20 | Fax 15 81 15 | www.halmstad.se/turist

■ ZIELE IN DER UMGEBUNG ■

SIMLÅNGSDALEN [126 B3]

Dieses kleine Tal ist eine grüne Oase. Besonders im Hochsommer hervorragend für Spaziergänge geeignet, da die vielen Bäume Schatten spenden. Sehenswert auch der Wasserfall *Danska fall. 20 km östlich*

TÖNNERSA FLYGSANDSFÄLT [126 B3]

Ein Stück Sahara an Schwedens Westküste: riesige Sandfläche mit Dünen und windzerzausten Bäumen zwischen Landstraße, Meer und dem Fluss Lagan (ein guter Ort zum Fischen). *15 km südöstlich*

VARBERG

[126 B2–3] **Der traditionsreiche Kurort (55 000 Ew.) liegt direkt an der Ostsee. Dort, wo der Abstand zum dänischen Festland besonders gering ist, war Varberg lange bevorzugtes Angriffsziel der Nachbarn.** Geblieben ist aus diesen Zeiten die beeindruckende Festung direkt am Meer. Varberg selbst entwickelte sich vom Kriegsschauplatz zum friedlichen Urlaubsort. Wo einst gegen die Dänen gekämpft wurde, gehen heute die Besucher am Sandstrand spazieren.

■ SEHENSWERTES ■

FESTUNG VON VARBERG ⭐

Schweden und Dänen kämpften lange Zeit um den Südwesten des heutigen Schwedens. Die auf einem Felsen gelegene massive Festung aus dem 13. Jh. sollte Eindringlinge, die vom Meer kamen, abhalten. Heute sind dort eine Jugendherberge *(40 Zi. | Varberg Fästning | Tel. 0340/887 88 | Fax 62 70 00 | www.turist.varberg. se/vandrarhem | €)*, ein Restaurant sowie das regionale Museum *(Mo–Fr 10–16, Jan.–Aug. auch Sa–So 12–16 Uhr | Eintritt 40 SEK)* untergebracht.

GETTERÖN
Hunderte Vogelarten können auf dieser der Stadt vorgelagerten Insel beobachtet werden. Im Herbst legen dort Zugvögel einen Zwischenstopp ein.

KALLBADHUS
Nur über eine hölzerne Brücke ist das auf Stelzen im Wasser stehende Badehaus zu erreichen. Mit den verspielten Ornamenten erinnert das 1820 errichtete Gebäude an die orientalische Architektur. Mit zwei öffentlichen Saunen.

TORGET
Der Marktplatz bildet das Zentrum von Varberg. Im Gegensatz zu vielen anderen schwedischen Orten hat er hier seinen ursprünglichen Charakter bewahrt. Statt Parkhaus, Supermarkt und Einkaufszentrum sind am Torget wie einst noch Rathaus, Kirche und Hotel versammelt.

■ ESSEN & TRINKEN
WÄRDSHUSET
Einfaches, aber gemütliches Wirtshaus mit Terrasse. *Tgl. | Kungsgatan 14 | Tel. 0340/801 11 | €*

■ ÜBERNACHTEN
VARBERG KURORT & SPA
Das imposante Spa-Hotel bietet seinen Gästen alle nur erdenklichen Annehmlichkeiten: Massageabteilung, Schwimmbad, umfangreiches Kursangebot (z.B. Yoga und Gymnastik) und und und. *106 Zi. | Nils Kreugers väg 5 | Tel. 0340/62 98 00 | Fax 62 98 50 | www.varbergskurort.se | €€–€€€*

■ AUSKUNFT
TURISTBYRÅ
Brunnsparken | Tel. 0340/868 00 | Fax 868 07 | www.turist.varberg.se

❯ SNUSEN ERLAUBT
Schweden rauchen wenig, Tabak ist trotzdem beliebt

Glimmstengel sind in Schweden selten zu sehen – nur rund jeder Sechste raucht. Nirgendwo sonst in Europa rauchen so wenig Menschen wie in Schweden. Dafür ist *snusen* weit verbreitet. Snus ist ein Tabak, der zwischen Lippe und Zahnfleisch geklemmt wird und dort Geschmack und Wirkung verbreitet. Obwohl die Meinungen darüber auseinander gehen, ob Snus genauso Krebs erregend ist wie Rauchtabak, ist Snus in keinem anderen Land der EU erlaubt. Schweden bekam wegen der langen Tradition des *snusens* eine Ausnahmegenehmigung. Das Rauchen in Gaststätten und Diskotheken ist seit dem Sommer 2005 verboten – für viele Schweden ein Grund mehr, zum Snus zu greifen. Eine der bekanntesten Sorten: der *Göteborgs Snus*.

DIE WESTKÜSTE

■ ZIELE IN DER UMGEBUNG ■

FALKENBERG [126 B3]

Mit den stillen Gassen und dem Fluss, der mitten durch den Ort fließt, ist Falkenberg (40 000 Ew.) der richtige Ort zum Schlendern. Namen und Wappentier hat die Hafen-

NIDINGEN [126 A2]

Auf der 300 000 m² großen Insel wurde 1645 Schwedens erster Leuchtturm errichtet. Seit Anfang des 19. Jhs. stehen dort zwei steinerne Doppelleuchttürme. Die Vegetation ist spärlich, das Vogelleben

„Etikettenschwindel": Das reich verzierte Kallbadhus in Varberg birgt zwei Saunen

stadt wegen der früher dort stark verbreiteten Falkenjagd bekommen. Falkenberg ist ein Paradies für Angler: Der Fluss Ätran ist eines der lachsreichsten Gewässer der Gegend. *30 km südlich*

GALTABÄCK [126 B3]

Fischerort, der seine Blütezeit Anfang des 20. Jhs. erlebt hat. Das Schiffsmuseum in der ehemaligen Lebensrettungsstation präsentiert historische Boote *(Båtmuseet | Juni– Aug. Sa und So 13–16 Uhr | Eintritt 10 SEK). 10 km südöstlich*

vielfältig. Im Sommer ist Nidingen per Boot von Skallahamn und Gottskär erreichbar. *30 km nordwestlich*

UGGLARP [126 B3]

Strand und Naturreservat mit altem Eichenbestand, Campingplatz und Ferienhäusern *(www.uggla.nu).* In *Svedinos Bil- och Flygmuseum* sind 140 historische Autos und 30 Flugzeuge ausgestellt *(Mai und Sept. Sa–So 11– 15, 1. Juni–24. Juni und 15. Aug.–31. Aug. tgl. 11–16, 25. Juni–14. Aug. tgl. 10–18 Uhr | Eintritt 70 SEK | www. svedinos.se). 40 km südlich*

> LAND DER SEEN UND DER WÄLDER

Mittelschweden ist ein Paradies für Paddler und Angler,
für Wanderer und Reiter

> Vänern, Vättern und Hjälmaren – drei
der vier größten Seen des Landes liegen in
Mittelschweden; dazu zahllose kleinere
Seen und Flüsse. Kanufahrer und Angler
kommen in und an Mittelschwedens Ge-
wässern voll auf ihre Kosten.

Reiter und Wanderer dagegen er-
freuen sich an den tiefen Wäldern,
die große Teile Mittelschwedens be-
decken. Stadtfreunden sei ein Abstecher nach Karlstad, Örebro und Uppsala empfohlen.

Bild: Kanutour auf dem Värmlandsee

KARLSTAD

[128 B4] Genau dort, wo der Klarälv, der
längste Fluss Schwedens, in den Vänern,
den größten See des Landes, mündet, liegt
Karlstad (82 000 Ew.). Dem Stadtbild ist
die über 400 Jahre alte Geschichte
des Ortes nicht anzumerken. Weil
1865 ein Brand große Teil von Karlstad zerstörte, stammen die meisten
Häuser aus dem 19. Jh. und der Zeit
danach. Ein Besuch lohnt vor allem

MITTEL SCHWEDEN

wegen der reizvollen Umgebung mit Strand und Wald.

■ SEHENSWERTES ■

ALMEN

Die alten Gebäude dieses Stadtviertels gehören zu den wenigen, die vom Brand von 1865 verschont blieben. Dazu gehören die Residenz des Bischofs *(biskopsgården)* und die *Domkirche*, beide stammen aus dem 18. Jh.

MARIEBERGSSKOGEN

Der Stadtpark ist nicht nur herrlich für Spaziergänge, es gibt auch einen Zoo mit heimischen Tieren, ein Freilichtmuseum und ein Strandbad. *www.mariebergsskogen.se*

SPRÄNGTEKNISKA MUSEET

Im Museum für Sprengtechnik wird die Entwicklung der Verteidigungsbranche anhand des Unternehmens Zakrisdal erläutert. *Tgl. nach Voran-*

meldung unter *054/56 70 00 | Eintritt frei | Zakrisdalsslingan 5*

ESSEN & TRINKEN

VALFRIDS KROG

In diesem Lokal wird internationale Küche mit schwedischem Touch serviert. Der Speisesaal ist mit typisch schwedischen Möbeln aus unter-

FREDEN

Zentral gelegenes Familienhotel mit Jugendherberge. *14 Zi. | Fredsgatan 1a | Tel. 054/21 65 82 | Fax 21 89 43 | www.fredenhotel.com | €*

AM ABEND

Im Opernhaus werden auch Musicals aufgeführt *(Älvgatan 49 | Ticket-Tel.*

Idyllisches Plätzchen zur stillen Einkehr, zum Beten und zur ewigen Ruhe in Karlstad

schiedlichen Epochen eingerichtet. *Mo geschl. | Östra Torggatan 8 | Tel. 054/18 30 40 | €€*

ÜBERNACHTEN

ELITE STADSHOTELLET

Traditionsreiches, 1870 eröffnetes Nobelhotel in zentraler Lage direkt am Fluss. *139 Zi. | Kungsgatan 22 | Tel. 054/29 30 00 | Fax 29 30 31 | www.karlstad.elite.se | €€€*

054/21 03 90 | www.varmlandsop eran.se). In der *nöjesfabriken,* einer alten Fabrikhalle, können Sie verschiedene Bars besuchen und Livekonzerte hören *(Karlagatan 42 | Tel. 054/22 22 00 | www.nojesfabriken.se).*

FREIZEIT & SPORT

STRÄNDE

Im Stadtgebiet gibt es mehrere Bademöglichkeiten, sogar direkt vorm

Theater kann man ins Wasser springen. Etwas westlich außerhalb der Stadt liegen der große Sandstrand *Bomstad-Baden* mit Campinganlage und das Waldbad *Skutberget*.

WANDERN

Der 12 km lange Wanderweg *Frödingleden* führt von Karlstad in das südliche Alstertal. Es geht über Wald und Wiesen vorbei an Seen mit Badeplätzen.

■ AUSKUNFT ■

TURISTBYRÅ

Västra Torggatan 26 | Tel. 054/ 29 84 00 | Fax 29 84 10 | www. karlstad.se/turistinfo

■ ZIELE IN DER UMGEBUNG ■

ALSTERS HERRGÅRD [128 B4]

Der Gutshof von 1772, auf dem der Värmländer Dichter Gustav Fröding 1860 geboren wurde, ist heute ein Museum mit Café. Eine Ausstellung widmet sich auch anderen Dichtern der Region. Im Sommer zudem Veranstaltungen wie Konzerte. *Mai–Aug. tgl. 11–18, Sept.–April jedes erste Wochenende im Monat 12–16 Uhr | Eintritt 20 SEK. 10 km östlich*

ÅMÅL ⭐ [128 B5]

Kleiner Ort (12 700 Ew.) am See Vänern mit schönen Badeplätzen. Berühmt geworden ist er durch den Film „Raus aus Åmål", der eine lesbische Teenagerliebe in der schwedischen Provinz schildert. *Örnas Camping* beim Strandbad Örnas bietet kleine Holzhütten direkt am Seeufer *(Tel. 0532/170 98 | www.amal.se). 75 km südwestlich*

FILIPSTAD [128 C4]

Bergbau und Brot haben den Ort (11 000 Ew.) bekannt gemacht. Die Grubenanlagen sind längst nicht mehr in Betrieb, manche sind zum Museum umgebaut worden, z. B. das *Nordmarksmuseum (Mo–Fr 11–17, Juni–Aug. auch Sa–So 13–17 Uhr | Eintritt 40 SEK | an der 246 zwischen Filipstad und Hagfors | www.nord marksmuseum.com).* In der Nähe der Anlage kann gefischt werden. Das Unternehmen, das das weltberühmte Wasa-Knäckebrot produziert, gehört

MARCO POLO HIGHLIGHTS

⭐ **Åmål**
Der kleine Ort wurde durch den Film „Raus aus Åmål" berühmt – fahren Sie hin, um zu sehen, wie es sich mitten in Schweden lebt (Seite 69)

⭐ **Linnés Hammarby**
Zwischen Uppsala und Stockholm gelegenes Blumenparadies des Botanikers Carl von Linné (Seite 76)

⭐ **Motala**
Traumhaft liegt die Stadt umgeben von Götakanal und Vätternsee (Seite 72)

⭐ **Domkyrka**
Der Dom zu Uppsala ist die größte Kirche Nordeuropas (Seite 74)

⭐ **Sigtuna**
Der Ort sieht aus wie ein Freilichtmuseum, so gut sind die alten Häuser erhalten (Seite 76)

mittlerweile zur italienischen Nudelfirma Barilla. Gruppen können die Produktionsanlagen nach Voranmeldung beim Turistbyrå besichtigen *(Eintritt 60 SEK | Tel. 0590/613 54). 60 km nordöstlich*

KARLSKOGA [128 C4]

Am nördlichen Ufer des Möckelnsees und am Fluss Svartälven gelegen, ist Karlskoga (30000 Ew.) ein hervorragender Ausgangspunkt für mehrstündige oder auch mehrtägige Kanutouren *(z. B. Valåsens Kanotuthyrning | Nedre Älvgårdsvägen | Tel. 0586/72 82 20 | www.valasenkanot. se).* Alfred Nobel verhalf dem Ort zum wirtschaftlichen Aufschwung, als er das Eisenwerk Bofors übernahm. Das Haus samt Labor, in dem der Stifter des Nobelpreises etliche Erfindungen gemacht hat, kann besichtigt werden *(Juni–Aug. tgl. 10–17 Uhr, Sept.–Mai nur nach Voranmeldung | Eintritt 60 SEK | www.no bels-bjorkborn.t.se). www.karlskoga. se. 65 km östlich*

MÅRBACKA [128 B4]

Das Zuhause der Schriftstellerin Selma Lagerlöf, Schwedens erster Nobelpreisträgerin und Autorin von „Nils Holgersson", beherbergt einen Gedächtnishof, einen wunderschönen Garten, ein Café und jede Menge Informationen über die weltbekannte Autorin und ihre vielen Werke. *Mai/Sept. tgl. 10–15, Juni/Aug. 10–16, Juli 10–17, Sept.–Mai Sa 14 Uhr und nach Vereinbarung | Tel. 0565/310 27. 60 km nordwestlich*

ÖREBRO

[128 C5] Sanft schlängelt sich der Fluss Svartån durch Örebro (127000 Ew.), um dann im Osten der Stadt in den See Hjälmaren zu münden. Früher wurden die Gewässer als Handelsstraße auf dem Weg nach Stockholm genutzt. Auch

Eher mächtig als prächtig: Schloss Örebro thront auf einer Flussinsel

heute ist die Stadt mit ihrem massiven Schloss und der reizvollen Lage am Fluss eine interessante Station auf dem Weg von der Hauptstadt ins Hinterland.

■ SEHENSWERTES

ÖREBRO SLOTT

Das mächtige Schloss thront auf einer Insel im Fluss Svartån. Vorläufer gab es bereits im 13. Jh., in seiner heutigen Form existiert es seit Ende des 19. Jhs. *Mo–Fr 12–18, Sa/So 10–14 Uhr | Eintritt 50 SEK | Führung auf Anfrage, Buchung übers Turistbyrå, z.B.* auch Geisterwanderung für Kinder *| www.orebro.se/slottet*

Insider Tipp

SVAMPEN ↯

58 m hoher Wasserturm aus den 1950er-Jahren. Café. *Sa/So 11–16, Mai–Aug. tgl. 10–18 Uhr | Eintritt 20 SEK | Dalbygatan 4 | www.svampen.nu*

WADKÖPING

Statt sie abzureißen, wurden seit 1965 einige von Örebros ältesten Häusern zu einem Freilichtmuseum mitten in der Stadt umgebaut. Ältestes Gebäude ist die *Kungsstugan,* ein rustikales, rotes Holzhaus aus dem 16. Jh. Im Sommer gibt es hier Konzerte, Puppentheater und einen Mittelaltermarkt. *Di–So 11–16 Uhr | Eintritt frei | www.orebro.se/wadkoping*

■ ESSEN & TRINKEN

STRÖMPIS

Europäische Küche zu günstigen Preisen. Abends Nachtclub. *So geschl. | Slottsparken | Tel. 019/18 55 50 | www.strompis.se | €*

■ ÜBERNACHTEN

RADISSON SAS

Erstklassiges Haus mitten im Zentrum. Helle Zimmer in klarem Design. *136 Zi. | Kungsgatan 14 | Tel. 019/670 67 00 | Fax 670 67 50 | www.radissonsas.com | €€€*

■ FREIZEIT & SPORT

REITEN

Der Reiterhof *Frötuna Gård* bietet mehrstündige Reittouren sowie mehrtägige Reitlager auf Islandpferden für Erwachsene und Kinder. *Ab 40 Euro für 1,5 Std. bzw. ab 300 Euro für 2,5 Tage | Tel. 0581/62 12 11 | www.frotunagard.se. 30 km westlich*

STRÄNDE

In der Umgebung von Örebro gibt es mehrere, meist kleine Strände am See Hjälmaren. Mit dem Bus erreichbar ist der von Wald umgebene Sandstrand *Dimbobaden.*

WANDERN

Der Wanderweg *Bergslagsleden* führt in 17 Etappen, zwischen 10 und 25 km lang, durch Wälder und über Wiesen an Örebro vorbei. Mit Auto oder Bus von Örebro gut erreichbar sind beispielsweise die jeweils 16 km langen Etappen Mogetorp–Blankhult oder Mogetorp–Digerberget.

■ AUSKUNFT

TURISTBYRÅ

Slottet | Tel. 019/21 21 21 | Fax 10 60 70 | www.orebro.se/turism

■ ZIELE IN DER UMGEBUNG

ARBOGA [129 D4]

Im 13. Jh. war die Stadt (13 000 Ew.) bedeutender Handelsort und Tagungsplatz für Kirche und Adel. Weite Teile der mittelalterlichen Holzbebauung sind noch erhalten. Ein Gang über die Västerlanggåtan

Arbetetsmuseum in Norrköping

führt dem Besucher eindrucksvoll die alte Pracht vor Augen. Anfang August verwandelt sich die Kleinstadt während der **Mittelalterwoche** in ein Mekka der Geschichtsfestivalfreunde *(www.arbogamedeltid.se)*. Im *Arboga Museum* ist das Heim des Großhändlers Anders Örström rekonstruiert worden, angeschlossen ein Brauereimuseum *(Di–Do und Sa 11–14 Uhr | Eintritt frei | www.arbogamuseum.se). 45 km nordöstlich*

Insider Tipp

GRYTHYTTAN [128 C4]
In dem Dorf (1000 Ew.) treffen klassische rote Holzhäuser auf modernste Architektur. Rund um den zentralen Platz *torget* stehen Häuser des 17. Jhs.

Das futuristische *Måltidens Hus* diente als schwedischer Pavillon der Weltausstellung in Sevilla 1992. Heute ist hier ein Museum eingerichtet, das sich dem Thema Essen und kulinarischer Kunst widmet. Außerdem Kochbuchbibliothek, Kochhochschule und Restaurant. *Mo–Fr 10–16, Sa/So 10.30–15 Uhr | Eintritt frei | Sörälgsvägen 4 | www.maltidenshus.com. 70 km nordwestlich*

MOTALA ⭐ [128 C6]
Die in einer Bucht am nordöstlichen Ufer des Vättern gelegene Stadt (41 000 Ew.) ist ein zentraler Punkt am Götakanal, der Göteborg mit Stockholm verbindet. Graf Baltzar von Platen, unter dessen Regie der Kanal vor rund 200 Jahren erbaut wurde, liegt hier direkt an seinem Lebenswerk begraben. Das *Kanalmuseum* informiert über die Geschichte des Baus *(Mai–Aug. tgl. 10–18 Uhr | Eintritt 40 SEK | Varvsgatan). 95 km südlich*

NORA [128 C4]
Eine der am besten erhaltenen Holzstädte Schwedens. Die meisten Gebäude stammen aus dem 18. und 19. Jh. und werden auch heute noch bewohnt. Nora (10 000 Einw.) bekam seine Stadtrechte schon 1643 und wurde später zur Wiege des schwedischen Eisenbahnbaus. Das Bahnhofsgebäude aus rotem Backstein liegt gleich am See, nebenan können Sie in alten Schlafwagen übernachten *(64 Betten | Mai–Sept. | Tel. 0587/146 76 | www.norataghem.se)* oder den im Sommer mehrmals täglich verkehrenden Museumszug besteigen *(Juni–Aug. | www.nbvj.nu). 30 km nordwestlich*

NORRKÖPING [129 D6]

Als Standort der Metall-, Textil- und Papierindustrie war Norrköping (124000 Ew.) lange eine bedeutende Industriestadt. Das Gelände, auf dem einst viele Fabriken standen, ist heute ein Freilichtmuseum *(Industrilandskapet mit Arbetetsmuseum | tgl. 11–17 Uhr | Eintritt frei | www.arbetets museum.se)*. Zentrum bildet die inzwischen stillgelegte Papierfabrik, die besichtigt werden kann. Das örtliche *Kunstmuseum (Di, Do–So 12–16, Mi 12–20 Uhr | Eintritt 40 SEK | Kristinaplatsen | www.norrkoping.se/ konstmuseet)* bietet eine umfangreiche Sammlung schwedischer Kunst des 20. Jhs. *120 km südöstlich*

VADSTENA [128 C6]

Kleiner Ort (7500 Ew.) mit imposantem Schloss und Kloster. Gustav Vasa ließ das beeindruckend massive Schloss 1545 errichten. 1850 wurde die alte Ringmauer um das Gebäude abgerissen, um die Steine beim Bau eines Hafenpiers für den Götakanal zu verwenden. Die später heilig gesprochene Brigitta gründete im 14. Jh. das örtliche Kloster. Gustav Vasa baute es später zu einem Soldatenheim um. Es entstand ein neues Klostergebäude mit einer prächtigen Kirche. Mehrere Badestellen. *www.vad stena.com. 110 km südlich*

UPPSALA

[129 E4] Majestätisch thront das Schloss über Uppsala. Man könnte fast meinen, die viertgrößte Stadt des Landes (183000 Ew.) und nicht Stockholm sei der Sitz der Königsfamilie. In Uppsala residiert seit langem eine andere bedeutende Per-

Auch eine von Menschen gebaute Wasserstraße kann idyllisch sein: am Götakanal in Motala

sönlichkeit: der evangelische Erzbischof von Schweden. Auch Nordeuropas älteste Universität liegt in Uppsala. Die Studentenstadt wird durch den Fluss Fyrisån zweigeteilt. Schloss, Uni sowie Dom und damit die meisten Sehenswürdigkeiten der Stadt stehen im westlichen Teil.

■ SEHENSWERTES ■

DOMKYRKA ★
Die Turmspitzen des 119 m hohen Doms zu Uppsala sind an jeder Stelle der Stadt zu sehen. Das im 13. Jh. erbaute Gotteshaus ist die größte Kir-

che Nordeuropas. In ihrer derzeitigen Form steht sie seit einer umfassenden Renovierung Ende des 19. Jhs.

GRABHÜGEL
Wie postantike Pyramiden erheben sich ein halbes Dutzend Grabhügel aus der Wikingerzeit in Alt-Uppsala. **Insider Tipp** Die vorchristlichen Relikte sind zu einem Treffpunkt für Freunde okkulter Traditionen geworden. In der *Odinsborg* gleich nebenan, einer Kneipe im Wikingerstil, wird süßes Bier aus Elchhörnern serviert.

LINNÉTRÄDGÅRDEN
Im einstigen Zuhause des berühmtem Botanikers Carl von Linné werden dessen Forschungsarbeiten an Pflanzen anschaulich dokumentiert. Das Haus ist größtenteils noch originalgetreu wie zu Linnés Zeiten im 18. Jh. eingerichtet. Sehenswert auch der große Garten vor dem Haus mit den unterschiedlichsten Pflanzen. *Juni– 15. Sept. Di–So 12–16 Uhr | Eintritt 30 SEK | Garten Mai–Aug. tgl. 9–21,*

> LOW BUDGET

> Zwischen den Seen Hjälmaren und Mälaren laden wunderschöne alte Bauernhöfe in herrlicher Natur zum günstigen Verweilen ein. Nahe der mittelalterlichen Stadt Arboga etwa bietet der *Hof Röfors* für 700 SEK/Nacht sechs Personen eine Unterkunft inkl. Ruderboot, Angelruten und Wäldern und Weiden voller Tiere (Hirsche, Elche, Büffel). *Röfors Gård | Arboga | Tel. 0598/910 61 | www.roforsgard.se*

> Wen es auf die weite Ostsee hinauszieht, dem sei eine Fahrt nach Grisslehamn außerhalb Uppsalas empfohlen: Von dort fahren mehrmals täglich Fähren auf die zu Finnland gehörenden *Ålandinseln* hinüber *(Fahrzeit ca. 2 Std. | ab 25 SEK/Hin- und Rückfahrt | www.eckerolinjen. se)*. Entlang der mittelschwedischen Ostseeküste bieten zudem staatliche Fährschiffe kostenlose Überfahrten auf vorgelagerte Inseln und Schären an *(www.vagverket.se)*.

Großer Dom = bedeutende Persönlichkeit: In Uppsala sitzt der Erzbischof von Schweden

Sept. tgl. 9–19 Uhr | Svartbäcksgatan 27 | www.lin naeus.uu.se

SLOTTET ❋

Auf der höchsten Erhebung der Stadt liegt das von Gustav Vasa im 16. Jh. als Festung angelegte Schloss. Hier hat Schwedens wohl berühmteste Königin, Kristina, ihre Krone zurückgegeben. Schöner Blick über die Stadt. *Engl. Führungen Juni–Aug. tgl. 13 und 15 Uhr | dtsch. Audioguide erhältlich | Eintritt 45 SEK*

UNIVERSITETET

Schon 1477 wurde Uppsalas Hochschule gegründet. Das imposante Hauptgebäude im italienischen Renaissancestil wurde 1887 eingeweiht. Dort hängt ein Großteil der umfangreichen Kunstsammlung der Hochschule. Sehenswert sind auch die prachtvolle Aula sowie die *Bibliothek Carolina* im Nebengebäude. Im *Haus Gustavianum* können Sie das 1662 konstruierte **anatomiska teatern** (Anatomisches Theater) bestaunen. Damit

Insider Tipp

alle Medizinstudenten den Obduktionen des Professors folgen konnten, wurden die Bänke des Hörsaals extrem steil angelegt – wie in einem Theater können die hinteren Ränge über die Köpfe der vorderen hinwegschauen. *Öffnungszeiten je nach Vorlesungszeiten | Eintritt Unigebäude frei | verschiedene zur Uni gehörende Museen ca. 40 SEK | www. uu.se*

UPPSALA KONSTMUSEUM

Das Kunstmuseum im Südflügel des Schlosses bietet eine umfangreiche Sammlung an Grafiken, außerdem Wechselausstellungen zeitgenössischer Kunst. *Di–Fr 12–16, Sa/So 11–17 Uhr | Eintritt 30 SEK | Schloss Eingang E | www.uppsala.se/konstmuseum*

■ ESSEN & TRINKEN ■
DOMTRAPPKÄLLAREN

In den jahrhundertealten Gemäuern werden vor allem Fleisch und Wild serviert. Umfangreiche Weinkarte. *So geschl. | St. Eriksgränd 15 | Tel.*

018/13 09 55 | *www.domtrappkalla ren.se* | €€

FLUSTRET ▶▶

Preiswerte Küche in ungewöhnlichem Ambiente. Wie ein hölzernes Lustschloss sieht der Pavillon aus, in dem das Restaurant untergebracht ist. In der Bar treffen sich vor allem jüngere Leute. *Sa mittags, So und Mo–Mi abends geschl.* | *Svandammen 1* | *Tel. 018/10 04 44* | *www.flus tret.se* | €

■ ÜBERNACHTEN ■

Insider Tipp

AKADEMIHOTELL

Erste Wahl für alle, die preiswert und zentral in schönem Ambiente wohnen wollen. Das Hotel gehört zur Universität, sein ältester Gebäudeteil stammt von 1698. *27 Zi.* | *Övre Slottsgatan 5A* | *Tel. 018/15 51 90* | *Fax 10 29 17* | *www.akademihotellet. uu.se* | €€

GRAND HOTELL HÖRNAN

Luxuriöses Haus in prachtvollem Gebäude mitten im Zentrum. *37 Zi.* | *Bangårdsgatan 1* | *Tel. 018/13 93 80* | *Fax 12 03 11* | *www.grandhotellhor nan.com* | €€€

UPPSALA VANDRARHEM CITY

Zentral, günstig, einfach, aber laut – die für Gäste jeglichen Alters offene Herberge bietet außer Schlafräumen mit bis zu 8 Betten auch Einzel- und Doppelzimmer. *5 Zi./70 Plätze* | *St. Persgatan 16* | *Tel. 018/ 10 00 08* | *www.uppsalavandrarhem.se* | €

■ AM ABEND ■

Als Studentenstadt hat Uppsala vor allem für die jüngeren Leute jede Menge Bars und Diskotheken zu bieten.

KATALIN ▶▶

In einem ehemaligen Lager der schwedischen Eisenbahn. Bar, Restaurant und Musikklub in einem, bietet das Katalin preiswertes Essen und Konzerte internationaler und schwedischer Musiker. Treffpunkt der Jazz- und Soulfreunde. *Godsmagasinet Östra Station* | *Tel. 018/14 06 80* | *www.katalin.com*

■ AUSKUNFT ■

TURISTBYRÅ

Fyristorg 8 | *Tel. 018/727 48 00* | *Fax 13 28 95* | *www.uppland.nu*

■ ZIELE IN DER UMGEBUNG ■

LINNÉS HAMMARBY ★   [129 E4]

So eine Ferienresidenz wünscht sich wohl jeder: typisch schwedische rot-weiße Holzhäuser, umgeben von einem Park, der schön angelegt ist, ohne steril zu wirken. 19 Jahre lang lebte der Botaniker Carl von Linné (1707–1778) in den Sommermonaten in Hammarby. Ein großer Teil der Blumenvielfalt, die er in seinem Garten anpflanzte, ist noch erhalten. Der Staat hat das Grundstück bereits 1879 gekauft und einem seiner berühmtesten Söhne ein kleines Museum gewidmet. *Park Mai–Sept. tgl. 8–20 Uhr* | *Museum Di–So 12–16 Uhr* | *Eintritt 30 SEK* | *www.hammar by.uu.se. 15 km südöstlich*

SIGTUNA ★   [129 E4]

Das kleine Städtchen (20 000 Ew.) am See Mälaren ist eine Art bewohntes Freilichtmuseum. Alte Holzhäuser prägen den Stadtkern. Im 11. Jh.

war Sigtuna Bischofssitz und eine der größten Städte des Landes. Hier wurden die ersten schwedischen Münzen geprägt. Von den ursprünglich sieben Kirchen ist lediglich die Marienkirche vollständig erhalten. *(sal.sigtuna.se/turism)*. *30 km südlich*

SKOKLOSTER [129 E4]

Das zu schwedischen Großmachtzeiten um 1650 erbaute Schloss gilt als das größte, das in Schweden jemals von einer Privatperson in Auftrag gegeben wurde. Das Barockgebäude wurde nie völlig fertig gestellt, der große Bankettsaal ist immer noch eine Art Baustelle des 17. Jhs. Das Gebäude ist in sehr gutem Zustand und auch wegen der interessanten Kunstsammlung einen Besuch wert. Was nur wenige wissen: Hier hängt

unter anderem Giuseppe Arcimboldos berühmtes Gemälde des Fruchtgotts von 1590. Das Schloss lockt mit zwei weiteren Erlebnissen: mit ==Nachtwanderungen und den Skokloster-Festspielen== Ende Juli. In einer dreifachen Zeitreise können Besucher dann Schweden zu Wikingerzeiten, im Mittelalter und als Großmacht erleben. Es werden Ritterspiele veranstaltet, auf zeitgenössischen Märkten werden Waren feilgeboten. *Schloss: April–Mai Sa/So 11.30–16, Juni–Aug. Mo–Fr 10.30–17, Sept. Mo–Fr 12.30–16, Sa/So 11.30–16, Okt.–Nov. Mo–Fr 13–16, Sa/So 11.30–16 Uhr | www.skoklos ter.se*

In der Nähe des Schlosses gibt es ein *Automuseum* mit Oldtimern *(April–Sept. tgl. 12–16 Uhr | Eintritt 50 SEK)*. *20 km südlich*

Zeitreise ins Mittelalter: Ritterspiele im Schloss Skokloster

> SANFTE HÜGEL, STILLE BUCHTEN

Zwischen Wiesen und Bergen schlägt das traditionsverbundene Herz Schwedens

> Der mittlere Norden Schwedens ist traditionsverbundener als der Rest des Landes. An den großen Festtagen tragen ungewöhnlich viele Menschen Trachten und feiern ihre Volksfeste im Freien mit Volksmusik und -tanz. Aus der Gegend kommen auch die beliebten roten Holzpferde, die *Dalarnahästar*.

Mit Carl Larsson und Anders Zorn haben gleich zwei der berühmtesten schwedischen Maler ihre Wurzeln in der Region, auch die Schriftstellerin und Nobelpreisträgerin Selma Lagerlöf hat lange in der Gegend gearbeitet.

Die Region Dalarna ist mit ihren vielen Feldern und Wiesen, den sanften Hügeln und waldreichen Bergen eine der reizvollsten Gegenden Schwedens. Eingebettet in die malerische Landschaft von Dalarna, liegt 160 m über dem Meeresspiegel der See Siljan, an dessen Ufer sich zahlreiche kleine und mittelgroße Ortschaften reihen. In Jämtland, weiter

Bild: Mittsommernachtsfest in Rättvik in der Region Dalarna

DER MITTLERE NORDEN

im Nordwesten, an der Grenze zu Norwegen, erheben sich die „schwedischen Alpen" – besonders bei Wanderern und Skifahrern eine beliebte Region. Die Landschaften Ångermanland, Medelpad und Hälsingland im Osten haben einen langen Küstenabschnitt. Hier ist der Bottnische Meerbusen, der Schweden von Finnland trennt, besonders breit. Zu der Gegend gehört auch Höga Kusten, die bergigste Küstenregion der Ost-

see, die auf der Welterbeliste der Unesco steht.

FALUN

[129 D3] ★ Als wäre ein Meteorit eingeschlagen, klafft ein riesiges Loch unmittelbar vor der Einfahrt nach Falun (55 000 Ew.). Es ist die jahrhundertealte Kupfergrube, das Wahrzeichen der Stadt. Die verbliebenen prachtvollen Gebäude zeugen vom ehemaligen

FALUN

55 m mit dem Fahrstuhl in die Tiefe: stillgelegte Kupfergrube in Falun

Reichtum. Stadt und Grube zählen seit 2001 zum Unesco-Welterbe.

◼ SEHENSWERTES ◼

DALARNAS MUSEUM

In keiner anderen schwedischen Gegend wird der Brauchtumspflege so viel Bedeutung beigemessen wie in Dalarna. Das Haus widmet sich der Volkskunst der Region und zeigt Malerei, Musikinstrumente, Trachten sowie Kupferhandwerk. *Stigaregatan 2–4 | Mai–Aug. Mo–Fr 10–17 , Sa/So 12–17, Sept–April auch Mi bis 21 Uhr | Eintritt frei | www.dalarnas museum.se*

KOPPARBERGET

Beeindruckend ist ein Blick in den Krater der erst Ende des 20. Jhs. stillgelegten Grube. Im *Världsarvhuset (Welterbehaus)* wird die lange Geschichte des Kupfererzabbaus anschaulich mit Filmen und Computeranimationen gezeigt. Auch die alte Grube kann besichtigt werden. Mit dem Fahrstuhl geht es 55 m in die Tiefe und dann zu Fuß weiter. *Museum Mai–Juni tgl. 10–17, Juli tgl. 10–18, Sept.–April Mo–Fr 12–16.30, Sa/So 12–16 Uhr | Eintritt 40 SEK | Grubenbesichtigung Mai–Juni und Aug. tgl. 10–17, Juli tgl. 10–18 Uhr | Sept.–April nur nach Voranmeldung unter Tel. 023/78 20 30 | Grubenbesichtigung inkl. Museum 90 SEK | www.kopparberget.com*

RÖDFÄRGSVERKET

Traditionell sind schwedische Holzhäuser kupferrot gestrichen. Die Farbpigmente waren ursprünglich Nebenprodukt der Kupfererzgewinnung. In der Faluner Fabrik kann beim Produktionsprozess zugeschaut werden. *Falu Rödfärg, neben der Grube | Mo–Fr 11–15 Uhr | Führung 20 SEK*

TRÄSTADEN

Die Stadtteile Elsborg, Östanfors und Gamla Herrgården bilden die so genannte *Trästaden* (Holzstadt). Die Holzhäuser blieben vom großen

Brand 1761 verschont. In Elsborg entstand im 17. Jh. die erste Einfamilienhaussiedlung Schwedens.

Besonders schön wird es, wenn sich Teile der Stadt während des Festivals *Falun Då* ein Jahrhundert zurückversetzen *(www.falunda.se)* oder in der Adventszeit in Östanfors jeden Abend ein neues, festlich ausgeschmücktes Fenster präsentiert wird *(www.adventsfonster.se)*.

Insider Tipp

ESSEN & TRINKEN
BANKEN BRASSERIE
Vorzügliche schwedische und internationale Küche, mittags zum günstigen Menüpreis, abends oft mit Livemusik und à la carte. Das Ganze im exklusiven Ambiente einer ehemaligen Bank, auf der Terrasse oder im mit teuren Weinen ausstaffierten Untergeschoss *(Två Rum & Kök). Åsgatan 41 | Tel. 023/71 19 11 | €€–€€€*

ÜBERNACHTEN
RANKHYTTANS HERRGÅRD
Kleines, stilvolles Hotel im Herrenhaus nahe beim See Runn. Spa-Bad. Auch Vermietung von Ferienwohnungen. *31 Zi. | Rankhyttans Herrgård | Tel. 023/77 04 60 | Fax 77 05 84 | www.rankhyttan.se | €€*

VILAN
Im idyllischen Weiler Stjärnsund südlich von Falun haben Lisa und Fredrik Swahn ein kleines Paradies für Romantiker geschaffen: Ein über 100 Jahre altes Häuschen am See mit Halbpension, privater Holzsauna und jeder Menge Möglichkeiten zur Erholung. *Bruksallén 23 | Tel. 0225/ 801 00 | www.fredrikochlisaswahn.se | €€€*

FREIZEIT & SPORT
In der Freizeitanlage *Lugnet* am Stadtrand von Falun gibt es u.a. ein Schwimmbad, eine Sporthalle, eine Mountainbikebahn und eine ❄ Skischanze, zugleich der höchste Aussichtsturm in Dalarna *(Lugnetvägen | tgl. 9–16 Uhr)*. Als Bewerberin für die Austragung der Nordischen Ski-Weltmeisterschaft 2013 wird die Lugnetanlage zu Schwedens modernstem Sportzentrum ausgebaut. Rund um Falun locken mehrere Badeseen, z.B. *Balungstrand, Bjursen, Hedkarlsjön.*

Insider Tipp

AUSKUNFT
TURISTBYRÅ
Trotzgatan 10–12 | Tel. 023/830 50 | Fax 833 14 | www.visitfalun.se

MARCO POLO HIGHLIGHTS

⭐ **Carl Larsson Gården**
Das letzte Heim des berühmten Malers ist genauso idyllisch wie seine Bilder (Seite 82)

⭐ **Högakustenleden**
Immer am Meer entlang: einer der abwechslungsreichsten Wanderwege Schwedens (Seite 84)

⭐ **Fläsian**
Der saubere Sandstrand ist ein schönes Plätzchen zum Sonnen und Baden (Seite 89)

⭐ **Falun**
Die historische Holzstadt und das ehemalige Kupferbergwerk gehören zum Unesco-Welterbe (Seite 79)

■ ZIELE IN DER UMGEBUNG ■

BORLÄNGE   [129 D3]

Die junge Industriestadt (47 000 Ew.) ist geprägt von Stahl- und Papierherstellung. Das *Geologische Museum (Mo–Fr 10–17 Uhr | Eintritt 30 SEK | Hantverksbyn 13 | www.stenbiten. se)* stellt Mineralien und Edelsteine aus der ganzen Welt aus, im Sommer arrangiert das Museum Goldwäsche für Kinder. *20 km südwestlich*

CARL LARSSON GÅRDEN ★   [129 D3]

Das ehemalige Wohnhaus des berühmten schwedischen Jugendstilmalers sowie der schöne Garten

Langlaufdenkmal zu Ehren Gustav Vasas

strahlen jene Friedlichkeit aus, die etliche von Larssons Bildern prägen. Zusammen mit seiner Frau Karin, die viele der Textilien im Haus gestaltete, lebte der Künstler von 1889 bis zu seinem Tod 1919 in dem Haus in Sundborn. *Führungen Mai–2. Okt. tgl. 10–17, 3. Okt.–April Mo–Fr 11 Uhr | Eintritt 90 SEK | Sundborn | www.carllarsson.se. 15 km nordöstlich*

MORA   [128 C2]

Am nördlichen Ufer des Siljan gelegen, ist Mora (20 000 Ew.) der perfekte Ort für eine Ruhepause mit Bad im See. In Erinnerung an die Flucht Gustav Vasas vor den Dänen findet alljährlich im Winter der 90 km lange Wasalanglauf statt, der in Mora endet. Anders Zorn, der neben Carl Larsson bekannteste schwedische Maler, wurde 1860 in Mora geboren. Besuchen Sie unbedingt das *Anders-Zorn-Museum* und sein ehemaliges Wohnhaus *Zorngården.* Im Museum ist eine stattliche Sammlung seiner impressionistischen Gemälde zu sehen. *Zornmuseet: 15. Mai–14. Sept. Mo–Sa 9–17, So 11–17, 15. Sept.–14. Mai Mo–Sa 12–17, So 13–17 Uhr | Eintritt 40 SEK. Zorngården | nur mit Führung | 15. Mai–14. Sept. Mo–Sa 10–16, So 11–16, 15. Sept.–14. Mai Mo–Sa 12–15, So 13–16 Uhr | Eintritt 50 SEK | www.zorn.se. 90 km nordwestlich*

Insider Tipp

HÖGA KUSTEN

[131 D5–E4] Tiefe Schluchten, Berge, die bis ans Meer reichen und stille Buchten – die Hohe Küste ist der extremste Küstenabschnitt der ganzen Ostsee. Das Gebiet erstreckt sich etwa von Örnsköldsvik bis zum 100 km weiter südlich gelegenen Härnösand. Wie keine andere Region zeigt sie die Landhebung als geologische Entwicklung nach dem Abschmelzen des Inlandeises. Deshalb ist Höga Kusten von der Unesco zum Welterbe ernannt worden. Die Wälder und Berge sind ein hervorragendes Terrain zum Wandern, die Strände sind zwar schmal, doch dafür gibt es viele einsame Stellen.

■ SEHENSWERTES

FISKEVISTET

Höga Kusten gilt als die Heimat der schwedischen Fischspezialität *surströmming,* des fermentierten Herings. Seit neuestem gibt es in der Region ein ganzes Museum, das sich dem Fisch widmet. Zum Haus gehört auch ein Abenteuerspielplatz mit Piratenschiff. *Juni–Aug. Di–So 11–20, Juli Mi/Fr/Sa bis 24 Uhr | Eintritt frei | Skagsudde | www.fiskevistet.se*

NORDINGRÅ   [131 E5]

Die Halbinsel ist perfekt, um ein paar Tage auszuspannen. Wasser, Wald und Berge – Nordingrå hat alles, was die Hohe Küste ausmacht auf kleinstem Raum. Sie können hier reiten, wandern, Kanu fahren oder baden. Unterkunft bieten zahlreiche kleine Familienhotels, Bed & Breakfast und Hütten. Zu Nordingrå gehören neben dem gleichnamigen Dorf 63 weitere Ortschaften, die verstreut an einer kurvenreichen Straße liegen, die sich über die ganze Halbinsel schlängelt. Die meisten bestehen nur aus wenigen Häusern. *Unterkunft und Vermietung von Kanus etc. z. B. Lappuddens Stugby (Tel. 0613/203 50 | www.lap puddens.se). www.kramforsbygder. com/nordingra*

ÖRNSKÖLDSVIK   [131 E4]

Als einzig größere Stadt (55 000 Ew.) in der Gegend dient Örnsköldsvik als Versorgungszentrum für die ganze

Als sei Carl Larsson nur kurz im Garten

Umgebung. Besonders im Sommer ist in der Fußgängerzone dementsprechend viel los. Im behutsam renovierten alten Schulgebäude befindet sich das regionale Museum mit kulturhistorischen Ausstellungen, daneben die Werkstatt des Bildhauers Bror Marklund *(beide Di–So 12–16 Uhr | Eintritt frei | Läroverksgatan 1). www.ornskoldsvik.se/turism*

SKULESKOGEN   [131 E4]

Im Nationalpark Skuleskogen zeigt sich die geologische Entwicklung der Höga Kusten am besten. Innerhalb von 9600 Jahren hat sich das Land 270 m aus dem Meer erhoben. Der an den Nationalpark angrenzende ❋ *Skuleberget* ist mit 294 m die höchste Erhebung der Region und ein einmaliger Aussichtspunkt.

ULVÖHAMN [131 E4]

Von Holzhäusern geprägtes Fischerdorf auf der Insel Ulvön. Bereits im 15. Jh. fischten Bewohner Mittelschwedens während der Sommermonate vor der Insel. Die letzte Fischfabrik schloss in den 1980er-Jahren. Die 1622 erbaute Kapelle von Ulvö ist die älteste Fischerkirche an der nordschwedischen Küste. Eine schöne Aussicht haben Sie vom ☆ *Lotsberg* hinter dem Dorf.

■ ÜBERNACHTEN

Über das ganze Gebiet verteilt liegen zahlreiche Feriendörfer. Bei der Buchung hilft das örtliche Turistbyrå. Besonders schön und dazu noch ausgesprochen preiswert sind die Holzhäuser der Jugendherbergen in *Härnösand (67 Betten | Volontärvägen 9–11 | Tel. 0611/104 46 | kein Fax | €)* und *Härnösand-Rö (33 Betten | Tel. 0611/640 11 | Fax 640 08 | www.stf.nu | €)*.

Urlaub auf einem Pferdehof an der Höga Kusten bietet *Nordingrå Häst & Rekreation (Nordingrå | Mädan 114 | Tel. 0613/240 10 | Fax 240 00 | www.hastrekreation.se | auch Vermietung von Hütten | €€)*.

■ FREIZEIT & SPORT

REITEN

In der abwechslungsreichen Landschaft können Anfänger und erfahrene Reiter schöne mehrstündige oder mehrtägige Touren unternehmen *(z. B. bei Hästgård Höga Kusten | Hol 153 | Noraström | Tel. 0613/302 35 | www.ridihogakusten.nu)*.

WANDERN

Es gibt keine bessere Möglichkeit, die einmalige Küstenlandschaft kennen zu lernen, als den fast 130 km langen Wanderweg ★ *Högakustenleden* zu begehen. Nirgendwo sonst in Schweden kann auf solcher Höhe so nah an der Küste entlang wandern. Der Weg führt in 13 gut ausgeschilderten Etappen von Örnsköldsvik nach Hornöberget.

■ STRÄNDE

GULLVIKS HAVSBAD

Großer Sandstrand, der an ein Feriendorf und einen Campingplatz angebunden ist *(Domsjö gleich südlich von Örnsköldsvik | Tel. 0660/745 82 | www.gullvikshavsbad.se)*.

STORSANDS HAVSBAD

100 000 m² großes Gebiet mit feinem Sandstrand und Dünen. *Norrfällsviken | nordwestlich von Nordingrå*

■ AUSKUNFT

ENTRÉ HÖGAKUSTEN

Nur Fernanfragen. *Tel. 0613/108 50 | Fax 108 53 | www.hogakusten.com*

KRAMFORS TURISTBYRÅ

Für den südlichen Teil. *Torggatan 2 | Tel. 0612/801 20 | Fax 107 84 | www.turistinfo.kramfors.se*

ÖRNSKÖLDSVIK TURISTBYRÅ

Für den nördlichen Teil. *Nygatan 18 | Tel. 0660/881 00 | Fax 881 23 | www.ornskoldsvik.se/turism*

ÖSTERSUND

[130 B4] **Die Hauptstadt der Provinz Jämtland ist das Wirtschaftszentrum des nörd-**

lichen Inlands. **Östersund (58 000 Ew.)
wurde Ende des 18. Jhs. von Gustav III. gegründet und liegt terrassenförmig anstei-
gend am Ostufer des Storsjön-Sees.** Die
Stadt bietet sich als Zwischenstopp
auf dem Weg in den Norden an und

platz und tausend Jahre alte Teppiche
aus Överhogdal. Die vollständig erhaltenen Webmuster haben ihren Ur-
sprung in der altnordischen Mytholo-
gie und sind die ältesten Europas.
Gezeigt werden auch Fallen, mit de-

Im Jamtli dürfen nicht nur Kinder testen, wie sich das Landleben vor 150 Jahren anfühlte

als Ausgangsbasis für Ausflüge in
das umliegende Gebiet oder auf die
vielen Inseln im Storsjön-See.

■ SEHENSWERTES ■

JAMTLI
Das *Jamtli (Jämtlands länsmuseum)*
ist eine einzigartige Kombination aus
Volkskunde- und Freilichtmuseum.
In den rund 60 Bauernhöfen des 18.
und 19. Jhs. können Sie sich für einen Tag als Knecht, Magd oder Holz-
flößer versuchen. Sehenswert sind
auch ein steinzeitlicher Siedlungs-

nen man im 19. Jh. versuchte, das
Seeungeheuer zu fangen, das angeblich im See vor der Stadt lebte. *29.
Aug.–22. Juni Di–Fr 10–16, Sa/So
11–17, 24. Juni–28. Aug. tgl. 11–17
Uhr | Eintritt 60 SEK (in der Hoch-
saison 90 SEK) | Museiplan | www.
jamtli.com*

NYA KYRKAN
Sehenswert sind die Deckengemälde
der 1940 gebauten Neuen Kirche. Sie
stammen von dem schwedischen
Künstler Hilding Linnqvist.

STADTZENTRUM/STORGATAN

Östersund wurde einst mit einem rechtwinkligen Straßennetz angelegt. Im Zentrum ist die Struktur weitgehend erhalten. Entlang der *Storgatan* liegt ein gut erhaltenes und sehenswertes Stadtviertel aus dem 19. Jh.

■ ESSEN & TRINKEN ■

EN LITEN RÖD

In diesem kleinen, einfachen Restaurant stehen Fondue, viel Fisch und Fleisch, aber auch vegetarische Gerichte auf der Speisekarte. *So geschl. | Brogränd 19 | Tel. 063/12 63 26 | €€*

>LOW BUDGET

> In der Kupferminenmetropole Falun können Sie hinter „schwedischen Gardinen" übernachten. Das ❄ alte Gefängnis mit wunderschönem Blick über die Stadt dient heute nämlich als preiswerte Herberge, in der die originalen Zweier- und Viererzellen vermietet werden. *Villavägen 17 | Tel. 023/ 79 55 75 | www.falufan gelse.se | 210 SEK/Nacht*

> Musikfreunde kommen das ganze Jahr über in den Ortschaften rund um den Siljansee auf ihre Kosten. Ob im Rahmen des Sommerfestivals „Musik vid Siljan" *(Juli | www.musikvidsil jan.se)*, Konzerten in einer stillgelegten Kiesgruppe *(www.dalhalla.se)* oder bei den vielen kleineren und größeren Volksmusikveranstaltungen ist sehr viel Schweden für sehr wenig Geld zu haben. Für die Fahrten zwischen den einzelnen Konzertorten per Bus und Bahn sollten Sie eine günstige Sommarkarte *(www.som markortet.nu)* kaufen.

MARK TWAIN BAR AND KITCHEN

Stilvolles Restaurant mit zum Teil deftigem Essen. Spezialität des Hauses ist Gegrilltes. An der Bar große Auswahl an schwedischen und ausländischen Biersorten sowie eine riesige Whiskey- und Cognackarte. Ab und an Livemusik. *So und Mo geschl. | Biblioteksgatan 5 | Tel. 063/ 12 33 20 | €€*

■ ÜBERNACHTEN ■

GAMLA TEATERN

Das alte Stadttheater wurde zum Hotel umgebaut. Sie schlafen dort, wo sich früher die Schauspieler auf ihren Auftritt vorbereiteten. Abends im alten Theatersaal häufig Konzerte. *64 Zi. | Thoméegränd 20 | Tel. 063/ 51 16 00 | Fax 13 14 99 | www.gam lateatern.se | €€*

HOTEL EMMA

Gemütliches Familienhotel in der Fußgängerzone. Die Doppelzimmer können per Extrabett preiswert zu Familienzimmern aufgerüstet werden. *Prästgatan 31 | Tel. 063/ 51 78 40 | Fax 51 78 42 | www.hotel emma.com | €€*

■ FREIZEIT & SPORT ■

DAMPFERFAHRT

Auf der *S/S Thomée* können Sie die schöne Region Storsjöbygden vom Wasser aus erleben. Auf dem Storsjönsee fährt der älteste Dampfer Schwedens im Linienverkehr *(in der Hochsaison Di–So | aktueller Fahrplan im Turistbyrå).*

STRÄNDE

Am Rande des großen *Storsjönsees* oder auf einer der vielen Inseln gibt es diverse Bademöglichkeiten. Die Insel *Andersön* ist ein Naturschutzgebiet, in dem Sie schön spazieren gehen können. Sie bietet auch schöne Badestellen samt Grillplätzen.

■ AUSKUNFT

TURISTBYRÅ
Rådhusgatan 44 | Tel. 063/14 40 01 | Fax 12 70 55 | www.turist.ostersund.se

■ ZIELE IN DER UMGEBUNG

ÅRE [130 A4]

Der Ort (9000 Ew.) ist das Zentrum des schwedischen Wintersports. Ob Snowboarden oder Slalomski – die über 100 Abfahrten machen Åre zum Wintersportparadies. Im Sommer locken die Berge zum Wandern, und die reißenden Gebirgsflüsse sind eine Herausforderung für geübte Kajakfahrer *(Åre Äventyr | Tel. 0647/ 137 82)*. Sehenswert ist die massive Steinkirche *Gamla kyrka* aus dem 12. Jh. Infos unter *www.visitare.se*. *100 km nordwestlich*

FRÖSÖN [130 B4]

Die Insel im See Storsjön ist durch eine Brücke mit Östersund verbunden. Hier können Sie schöne Spaziergänge am Wasser mit Blick über den See und die Stadt unternehmen. Auf der mit 468 m höchsten Erhebung steht der Aussichtsturm ☀ *Frösötornet* (nur im Sommer geöffnet). Von dort haben Sie den besten Blick, bei klarem Wetter ist im Westen sogar die norwegische Gebirgskette zu erkennen. Ein Abstecher lohnt zur Inselkirche (12. Jh.), die auf einem alten heidnischen Opferplatz errichtet wurde. *20 km westlich*

Åre: Rauf auf den Berg, runter die Pisten

SUNDSVALL

[131 D5] Die pompösen Häuser der Storgatan, der zentralen Straße Sundsvalls, versprühen einen aristokratischen Charme, der so gar nicht zum Klischee des nüchternen Nordschweden passen mag. Ohne Zweifel ist Sundsvall (94 000 Ew.) die prachtvollste Stadt nördlich von Uppsala. Ihr Schicksal ist seit langem eng mit Holz verbunden. Der Reichtum Sundsvalls ist der Sägeindustrie zu verdanken, die im 19. Jh. hier ihre Werke baute. Weil die meisten Häuser aus Holz gebaut waren, konnten sie 1888 bei einem Großbrand nicht gerettet werden. Der später in Stein errichtete Stadtkern ist der architektonisch beeindruckendste Teil der Stadt.

■ SEHENSWERTES ■

BILDENS HUS

Dokumentarische und künstlerische Fotografien, oft von Nachwuchsfotografen aus der Region. Umfangreiche Sammlung alter Kameras. *Di–Fr 12–17, Sa 12–15 Uhr | Eintritt frei | Magasinsgatan 12 | www.fotomuseet.se*

STENSTAD

Die Steinhäuser im Stadtkern, die großzügigen Boulevards und Parks spiegeln das im 19. Jh. in Europa vorherrschende Architekturideal wider. Mehr über die Hintergründe erfahren Sie bei einer Stadtführung *(Buchung übers Turistbyrå)*, für Schwindelfreie wird eine Wanderung über die Dächer der Stadt angeboten. *Inside Tipp*

> BÜCHER & FILME

Von Mördern und der Liebe zur schwedischen Provinz

> **Henning Mankell** – An ihm und all den schonungslosen Mordserien, die sein spröder Kommissar Wallander in und um Ystad aufklärt, geht im schwedischen Krimigenre kein Weg vorbei – egal ob als Buch oder Film.

> **Håkan Nesser** – Ebenso gute, ebenso spannende Krimis wie Mankells. Nessers Ermittler Van Veeteren könnte Wallanders Bruder im Geiste sein. Auch sein jüngerer Held Gunnar Barbarotti, halb Schwede, halb Italiener, ist eine ähnlich zerrissene Figur.

> **Liza Marklund** – Ihre Krimis um die Stockholmer Journalistin Annika Bengtzon stehen denen ihrer männlichen Schreibkollegen in nichts nach.

> **Wie im Himmel** – Oscarnominierter Spielfilm von Kaj Pollaks über einen berühmten Dirigenten, der sich nach einem Kollaps in sein schwedisches Heimatdorf zurückzieht und dort als Kantor wider Erwarten zu den Menschen zurückfindet (2005).

> **Populärmusik in Vittula** – Nach dem Roman von Mikael Niemi erzählt Regisseur Reza Bagher die Geschichte einer Freundschaft jenseits des Polarkreises, mal schräg, mal komisch, mal ergreifend (2005).

> **Wiedersehen in Dalarna** – In Maria Bloms Film von 2004 kehrt die erfolgreiche Stockholmerin Mia zu einem Familienfest in ihr Heimatdorf in Dalarna zurück. Komischer und zugleich bewegender Film über Erwartungen, Neid, Ängste und Familienbande, über das Stadt-Land-Gefälle, über das sich heimisch und doch fremd fühlen.

DER MITTLERE NORDEN

Aristokratischer Charme an der Storgatan, der zentralen Straße von Sundsvall

■ ESSEN & TRINKEN

ALTIN

Insider Tipp

Lehrlinge des Koch- und Bäckerhandwerks betreiben das Altin. Wer in lockerer Atmosphäre die schwedische Küche von morgen erleben möchte, ist hier richtig. *Sa/So geschl. | Skolhusallén 5 | Tel. 060/19 24 47 | €*

BRANDSTATION

Feines Restaurant mit französisch-schwedisch inspirierter Küche in der alten Feuerwehr. Preiswerte Mittagskarte. *So geschl. | Köpmangatan 29 | Tel. 060/12 39 36 | €€*

■ ÜBERNACHTEN

ELITE HOTEL KNAUST

Eines der beeindruckendsten Hotels ganz Schwedens. Die berühmte Neobarocktreppe im Inneren des Hauses ist ein sehenswertes Beispiel der Architektur um die Jahrhundertwende. Das Haus bietet Luxus pur, die Zimmer sind modern eingerichtet. *94 Zi. | Storgatan 13 | Tel. 060/608 00 00 | Fax 608 00 10 | www.elite.se/hotell/sundsvall/knust/ | €€€*

LILLA HOTELLET

Mitten im Zentrum ist dieses Familienhotel in einem denkmalgeschützten Haus untergebracht. Fragen Sie bei der Buchung nach einem Zimmer *Insider Tipp* mit einem der typisch schwedischen Kachelöfen! Auch das kleine Gartenhaus im Innenhof wird vermietet. *9 Zi. | Rådhusgatan 15 | Tel. 060/61 35 87 | Fax 15 23 36 | www.lilla-hotellet.se | €*

■ STRAND

FLÄSIAN ★

4 km südlich der Stadt können Sie an dem für diese Gegend außergewöhnlich großen Naturstrand mit idyllischer kleiner Halbinsel (sonnen-)baden. Im Sommer auch Camping und Hüttenvermietung, ein Teil des Strandes ist den Gästen vorbehalten. *Fläsians Camping & Stugor | Norrstigen 15 | Tel. 060/55 44 75 | €*

■ AUSKUNFT

TURISTBYRÅ

Stora Torget | Tel. 060/61 04 50 | Fax 12 72 72 | www.sundsvallturism.com

> AUF DER SUCHE NACH DEM POLARLICHT

Der hohe Norden Schwedens bietet das ganze Jahr über ungewöhnliche Naturschauspiele

> Mitte Juni scheint die Sonne so gut wie rund um die Uhr im Norden Schwedens. Im Winter ist es Tag und Nacht nahezu stockdunkel und eiskalt. Dann sind am Himmel Polarlichter zu sehen – ein einmaliges Naturschauspiel, das allein die 2000 km lange Reise vom Südzipfel des Landes bis hoch in den Norden Lapplands rechtfertigt. Während der Sommermonate locken Strandbäder, die nur 100 km vom Polarkreis entfernt sind. Das Landesinnere – die „letzte Wildnis Europas" – ist ein hervorragendes Terrain für ausgedehnte, mehrtägige Wanderungen.

KIRUNA

[133 D3] Der Hauptort (23 000 Ew.) der Landschaft Lappland ist mit rund 20 000 km² die größte schwedische und zweitgrößte Gemeinde der Welt. Bedeutendster Wirtschaftsfaktor ist der Erzbau. Wegen der Grubenarbeiten muss die ganze Stadt in den kommenden Jah-

Bild: Rentiere in Lappland

DER NORDEN

ren verlegt werden – selbst das erst vor wenigen Jahren in Kiruna angesiedelte Parlament der samischen Minderheit *(www.sametinget.se)*. Kiruna eignet sich hervorragend als Ausgangspunkt für Wander- und Schlittentouren in die Umgebung.

◼ SEHENSWERTES ◼

ESRANGE-RAKETENBASIS

Seit Anfang der 1970er-Jahre ist in der Nähe von Kiruna die Raketenba-

sis Esrange beheimatet. Die Station ist keine militärische Einrichtung, sondern dient der Forschung. Jährlich werden mehrere Raketen ins All geschossen, die ein paar Minuten später auf schwedischen Boden zurückzukehren. Nur an wenigen Stellen in Europa gibt es so große unbewohnte Gebiete, die derartige Flugmanöver möglich machen. Während des Fluges entsteht in den Raketen Schwerelosigkeit – Grundvoraussetzung für viele naturwissenschaftliche Projekte. *Vierstündige geführte Touren Sommer Mo–Fr 9, Winter Di und Do 9 Uhr | Karten beim Turistbyrå Kiruna – Buchung mindestens einen Tag im Voraus unter Tel. 0980/188 80 | Tour 390 SEK | www.lappland.se*

KIRUNA KYRKA

Für den Entwurf des ungewöhnlichen Gotteshauses stand ein Lappenzelt

ist schon von weitem ein imposanter Anblick. In 540 m Tiefe liegt das Minenmuseum *(nur mit Führung | 220 SEK | Buchung übers Turistbyrå)*.

■■ ÜBERNACHTEN ■■■

ISHOTELLET

In Jukkasjärvi, einige Kilometer von Kiruna entfernt, wird jeden Winter ein Hotel ganz aus Eis gebaut. Dort gibt es neben Mehrbettzimmern mit

Steppenlandschaft, Flussläufe, bizarre Felsen, Einsamkeit: der Abisko-Nationalpark

Pate. Ein Teil der Gemälde im Inneren der schönen Holzkirche stammt von Prinz Eugen, dem 1945 gestorbenen Spross der Königsfamilie.

LKAB-ERZGRUBE

Kirunas Wohlstand kommt aus der Erde. Hier wird seit einem Vierteljahrtausend Eisenerz abgebaut. Die Grube

Rentierfellen auch eine exklusive Hochzeitssuite, eine Eisbar und eine Kapelle. *Ca. 15 Zi./40 Plätze (jährlich variierend) | Tel. 0980/668 00 | www.icehotel.se | €€€*

JÄRNVÄGSHOTELLET

Obwohl direkt an den Bahngleisen gelegen, wohnt es sich im ältesten

Haus am Platze dennoch ruhig. Das Gebäude steht unter Denkmalschutz. *20 Zi. | Bangårdsvägen 7 | Tel. 0980/ 844 44 | Fax 844 00 | www.jarnvags hotellet.com | €*

■ FREIZEIT & SPORT ■

Kiruna lockt mit vielfältigen Outdooraktivitäten. Gleiten Sie im Winter mit dem Hundeschlitten oder mit einem Schneemobil durch die Landschaft *(2,5 Std. ca. 850 SEK | auch Tagestouren | z.B. Kiruna Guidetur | Tel. 0980/811 10 | www.kirunaguide tur.com).* Ortskundige Führer nehmen Sie mit auf Elchsafaris oder auf die Suche nach dem faszinierenden Polarlicht. Im Sommer bieten sich die vielen Flüsse für Boots- oder Kajaktouren an *(3 Std. ca. 750 SEK | z.B. Guide B-O | Tel. 0730/25 74 21 | www.guideb-o.se).* In der Weite Kirunas lässt es sich auch hervorragend wandern *(Karten im Turistbyrå).*

■ AUSKUNFT ■

TURISTBYRÅ
Folkets Hus | Lars Janssonsgatan 17 | Tel. 0980/188 80 | Fax 182 86 | www.lappland.se

■ ZIELE IN DER UMGEBUNG ■

ABISKO-NATIONALPARK ★   [132 C2]

Mit 77 km² gehört Abisko zu den kleineren Reservaten. Weil der Park so gut erschlossen ist, ist er der beliebteste in Schweden. Die Landschaft gleicht einer eintönigen Steppe, doch gerade das macht den Reiz aus. Mehrtägige Wander- oder Skitouren sollten nur Geübte unternehmen, möglichst mit ortskundigem Führer.

Ein guter Ausgangspunkt für Wanderungen ist die *Jugendherberge Abisko Turiststation (23. Dez.–25. Sept. | Tel. 0980/402 00 | Fax 401 40 | www.abisko.nu | €)* am nördlichen Rand des Parkes direkt an der gleichnamigen Bahnstation. Dort finden Sie auch Langlaufloipen für mehrstündige Touren und einen Haushang zum Abfahrtslauf. Im Park gibt es mehrere Hütten *(www.stf.nu),* es kann auch gezeltet werden. *100 km nordwestlich*

JOKKMOKK   [133 D4]

Was ursprünglich ein reiner Marktplatz der Samen war, hat sich im Laufe der Zeit zur festen Ortschaft entwickelt. Der traditionelle Markt von Jokkmokk im Februar in ist eine große (Touristen-) Attraktion. In dem Berg- und Samimuseum *Ájtte* wird die Kulturgeschichte der Samen erzählt Infos unter *www.sapmi.com*. *200 km südlich*

KEBNEKAISE ❄ [132 C2–3]

Mit 2111 m Schwedens höchster Berg. Guter Ausgangspunkt für kleinere und größere Touren in das Kebnekaisegebiet ist die *Fjällstation (Tel. 0980/550 00 | Fax 550 48 | www. stfkebnekaise.com). 80 km westlich*

RIKSGRÄNSEN [132 C2]

Im höchstgelegenen Dorf der Gegend (606 m) beginnt die Skisaison Mitte Februar. Manche Pisten können auch im Sommer unter der Mitternachtssonne befahren werden. Preiswert wohnt es sich im *Fjällhotell (35 Zi. plus Wohnungen | Riksgränsvägen 15 | Tel. 0980/400 80 | Fax 431 25 | www.riksgransen.nu | €). 130 km nordwestlich*

SAREK-NATIONALPARK ⭐ [132 B–C 3–4]

Einer der beeindruckendsten Nationalparks des ganzen Landes. Er umfasst auf rund 2000 km² Hochgebirge mit etwa 100 Gletschern und tief eingeschnittene Tälern, die von reißenden Strömen wie dem 45 km langen Rapaätno, dem wasserreichsten Fluss Schwedens, durchzogen werden. In dem Nationalpark lebt Großwild wie z. B. Elche, Bären und Luchse. Die schwer zugängliche Wildnis ist allerdings nur etwas für abenteuerlustige Wanderer. Es gibt weder Pfade noch Hütten.

LULEÅ

[133 E6] Als größter Ort (72 000 Ew.) und Verwaltungszentrum der Region Norrbotten hat Luleå kulturell einiges zu bieten.
Im umgebauten Lager am Hafen spielt das Regionaltheater, am meisten aber gibt es vor den Toren der Stadt zu sehen – etwa das Holzdorf Gammelstaden.

> SAMI

Europas letzte Ureinwohner erkämpften sich Autonomie

Noch bevor europäische Einwanderer den Weg nach Norden fanden, siedelten sich aus dem Osten kommende Jäger und Fischer am Polarkreis an. Die Sami, Europas einzige noch existierende Urbevölkerung, waren rentierzüchtende Nomaden. Ab dem 17. Jh. wurden sie von den nordischen Königshäusern und später den skandinavischen Regierungen verfolgt und unterdrückt. Erst der erfolgreiche Kampf gegen Staudammprojekte in ihrem Lebensraum brachte nach 1980 die Wende. Heute verfügen die gut 90 000 über Nordskandinavien verteilten Sami (früher abschätzig Lappen genannt) über umfassende Minderheitenrechte, eigene Parlamente – die 30 000 schwedischen Sami haben ihres in Kiruna –, Medien und Hochschulen. Schwedens EU-Beitritt hat den Status der Sami weiter gestärkt; anderen Urvölkern weltweit gelten sie heute als Vorreiter in Sachen Autonomie, Entwicklung und sozialer Fortschritt.

Zum Februarmarkt herrscht ausgesprochen reger Betrieb im eiskalten Jokkmokk

SEHENSWERTES

LULEÅ SKÄRGÅRD

Die direkt vor der Stadt im Meer liegenden Felsinseln *Altappen, Brandöskär* und *Kluntarna* sind das ganze Jahr über für Spaziergänge geeignet. Im Somme können Sie dort gut baden. Im Winter sind die Inseln auf einer ungewöhnlichen Skitour übers Eis erreichbar. Auch Hüttenbuchung möglich *(über das Turistbyrå).*

Insider Tipp

NORRBOTTENS MUSEUM

Schwerpunkt bildet die Kulturgeschichte Norrbottens. Ausstellung zur Samenkultur, speziell für Kinder. *Di–Fr 10–16, Sa/So 12–16 Uhr | Eintritt frei | Storgatan 2 | www.norrbottensmuseum.nu*

ESSEN & TRINKEN

COOKS KROG

Im rustikal eingerichteten Restaurant werden vor allem Fleischgerichte wie Elch oder Ren serviert. *Tgl. | Storgatan 17 | Tel. 0920/20 10 25 | €€*

FISKEKYRKAN ▶▶

Eine Fischkirche gibt es nicht nur in Göteborg, sondern auch im hohen Norden Schwedens. Außerdem gibt es in dem Lokal an vier Tagen pro Woche *(Mi–Sa)* mit Livemusik. Die Fischkirche ist in einem alten Lagerhaus des Luleåer Südhafens untergebracht und oft sehr gut besucht. Preiswertes Lunchbuffet. *Södra Hamnen | Tel. 0920/22 02 01 | €€*

ÜBERNACHTEN

ELITE STADSHOTELLET

Komfortables Haus mit klassisch-luxuriöser Ausstattung. Im Erdgeschoss liegt das schicke Restaurant *Tallkotten* mit italienischer Küche. *135 Zi. | Storgatan 15 | Tel. 0920/27 40 00 | Fax 670 92 | www.elite.se/hotell/lulea/stadshotellet | €€€*

AUSKUNFT

TURISTBYRÅ

Storgatan 43 B | Tel. 0920/29 35 00 | Fax 29 41 38 | www.lulea.se/turism

Gammelgaden: kleine Hütten für Gläubige

■ ZIELE IN DER UMGEBUNG ■

GAMMELSTADEN [133 E6]

Rund um die norrländische Dorfkirche entstand Anfang des 17. Jhs. eine Kirchstadt (5000 Ew.). In den vielen kleinen Holzhäusern wohnten Gemeindemitglieder, die von weither angereist kamen, um den Gottesdienst zu besuchen. Das dortige Restaurant *Margaretas Wärdshus (tgl. | Tel. 0920/542 90 | €€)* ist einer der Klassiker der Region. Spezialität ist der Norrbottenteller mit Lachs, Pastete, Rentier- und Bärenfleisch. *10 km nordwestlich*

PITEÅ ★ [133 E6]

Klassischer Badeort (23 000 Ew.), und das nur 100 km südlich des Polarkreises. Einen großen Sandstrand sowie eine Schwimmhalle bietet das *Pite havsbad (www.pite-havsbad.se | auch Hotel und Camping)*. Im Stadtzentrum stehen alte Holzhäuser. *55 km südwestlich*

UMEÅ

[131 F3] **Das Kunst- und Freilichtmuseum ist Anziehungspunkt der am Fluss Umeälv gelegenen Stadt (110 000 Ew.).** Umeå selbst ist architektonisch wenig reizvoll, attraktiv ist die Nähe zum Bottnischen Meerbusen, dem nördlichen Ausläufer der Ostsee.

■ SEHENSWERTES ■

GAMMLIA

Kunst-, Freilicht- und Kulturgeschichtsmuseum stehen mit den Ausstellungsräumen der renommierten örtlichen Kunsthochschule auf demselben Gelände. Sie geben einen umfassenden Eindruck von der Geschichte der Region. Alte Holzhäuser und moderne Kunst werden genauso gezeigt wie die Entwicklung des Skisports. *Di–Fr 10–16, Sa 12–16, So 12–17 Uhr | Freilichtmuseum: 20. Juni–21. Aug. tgl. 10–17 Uhr | Eintritt frei | www.vasterbottensmu seum.se*

ESSEN & TRINKEN

Insider Tipp

RESTAURANG NORRLANDSOPERAN
Im Foyer der Oper serviert das freundliche Personal in edlem Ambiente preiswertes Ochsen- und Lachsfilet, auch vegetarische Gerichte. *Operaplan 9 | Tel. 090/12 28 91 | www.norrlandsoperan.se | €*

ÜBERNACHTEN

RICA ROYAL
Zentral gelegenes, komfortables Haus mit gutem Restaurant und schöner Bar. Hoteleigenes Kino. *68 Zi. | Vasaplan | Tel. 090/10 07 30 | Fax 10 07 39 | www.royalhotel umea.com | €€*

AUSKUNFT

TURISTBYRÅ
Renmarkstorget 15 | Tel. 090/ 16 16 16 | Fax 12 82 70

ZIELE IN DER UMGEBUNG

BJURHOLM [131 E3]
Zu einem Schwedenurlaub gehören zweifelsohne Elche. Wer die großen Tiere nicht in freier Wildbahn antrifft, kann sie auf der Elchfarm in Bjurholm (1000 Ew.) besuchen. Angeboten werden auch Jagen, Angeln, Bootstouren und Golf. *Bjurholms Turist | 7. Juni–14. Aug. Di–So 12–18 Uhr | Eintritt ab 90 SEK | Tel. 0932/ 500 00 | www.algenshus.se. 60 km westlich*

VINDELÄLVSDALEN ⭐ [131 D1–F3]
Das Tal um den Fluss Vindelälv ist ein Traum für Naturfreunde und Aktivsportler. Der Fluss zählt zu den wenigen in Norrland, die noch völlig unbeeinflusst von menschlichen Eingriffen ihrem natürlichen Lauf folgen. Wegen der Stromschnellen eignet sich der Vindelälv hervorragend für Wildwasserfahrten. Und sein Fischreichtum macht ihn zum Eldorado für Sportfischer. Unweit des Ortes Vindeln liegt das Wintersportzentrum *Buberget. Bis 150 km westlich*

>LOW BUDGET

> Von der ❄ Restaurantterrasse des *Hotell Toppen* in Storuman schweift der Blick über die Weiten einer Gemeinde mit doppelt so vielen Rentieren wie Einwohnern. Das Mittagsbuffet ist reichhaltig und sehr preiswert (70 SEK). Geboten werden vornehmlich Speisen mit lokalen Zutaten. *Blå Vägen 238 | Tel. 0951/ 777 88 | www.hotelltoppen.se*

> In dem bis vor wenigen Jahren nur Angestellten der Schwedischen Staatsbahnen zugänglichen Wintersportort Björkliden am Torneträsk nahe der norwegischen Grenze warten im schneereichen Frühling wunderschöne, kaum befahrene Pisten und Loipen. Und das alles zu äußerst günstigen Paketpreisen, die inkl. Bahnanreise zu buchen sind; eine Woche Halbpension im traditionsreichen *Gammelgården* z. B. kostet im Februar rund 300 Euro pro Person, für Kinder unter 12 Jahren 30 Euro *(www.bjorkliden.com)*.

> VOM GÖTAKANAL AN DIE KÜSTE

Tauchen Sie tief ein in schwedische Kontraste:
künstliche Wasserwege, unberührte Seenlandschaften, raue Ostseestrände, trutzige Festungen und elegante Herrenhäuser

Die Touren sind auf dem hinteren Umschlag und im Reiseatlas grün markiert

1 AM GÖTAKANAL ENTLANG

Die kombinierte Rad- und Bootstour führt Sie in vier bis fünf Tagen von Söderköping nach Sjötorp am See Vänern. Es geht 200 km am Götakanal entlang, immer dicht an Wasser, Wald und Wiesen. Unterwegs können Sie angeln, Kanu fahren und wandern – oder in Museen etwas über die Geschichte des längsten Bauwerks Schwedens lernen.

Von Söderköping aus bringt Sie das Schiff M/S Diana binnen zwei Tagen nach Motala *(Abfahrten Mitte Juli–Mitte Aug. mehrmals wöchentlich 11.30 Uhr | unbedingt vorher buchen | Tel. 031/80 63 15 | Preise ab 3600 SEK | www.gotacanal.se)*. Während der Fahrt über den Kanal ziehen der Treidelpfad und das von viel Grün gesäumte Ufer gemächlich vorbei. Schleuse für Schleuse erklimmt das Boot die knapp 90 Höhenmeter,

Bild: Ausflugsschiff auf dem Götakanal

AUSFLÜGE & TOUREN

die die Ostsee und den See Vättern voneinander trennen. Während das Wasser die Diana langsam anhebt, haben Sie Zeit, einen Spaziergang am Schleusenufer zu machen. Bis zum Abend fährt das Boot noch durch den **Roxensee** nördlich von Linköping und macht für die Nacht schließlich bei der Schleuse von **Berg** fest.

Am nächsten Morgen werden erst mal gut 40 Höhenmeter zurückgelegt, dann geht es über den See Boren

nach **Motala** (S. 72), wo Sie gegen 16 Uhr ankommen. Mit einem schnellen Motorkatamaran können Sie dann auf die andere Seite des Vättern nach **Karlsborg** übersetzen *(15.–30. Juni 11.30 und 19.30, Juli–15. Aug. 11 und 18 Uhr | 275 SEK | Tel. 070/ 825 80 71).* Der Kapitän organisiert auch <mark>Sportfischtouren</mark> in der Region.

Schauen Sie sich in Karlsborg (3700 Ew.) die gut erhaltene Festung an, deren Bau von 1819 an 90 Jahre

Insider Tipp

gedauert hat. Das riesige Festungsgelände war als Stadt in der Stadt gedacht – mit Kirche, Geschäften und Wohnhäusern *(Mo–Fr 10–15 Uhr | im Sommer länger, auch Sa/So | Eintritt 40 SEK)*. Ein Stück Kanalgeschichte und gleichzeitig eine nette Unterkunft ist das 1894 eröffnete **Kanalhotel** im Schweizer Stil *(27 Zi. | Storgatan 94 | Tel. 0505/121 30 | Fax 127 61 | www.kanalhotellet.se | €€)*. In der Umgebung von Karlsborg gibt es viele schöne Badestellen, einen Campingplatz sowie einen Golfplatz.

Starten Sie in Karlsborg Ihre insgesamt knapp 80 km lange Fahrradtour *(Räder vermieten z.B. Mellgrens Cykel & Sport | Strandvägen 59 | Tel. 0505/101 80)*, und verlassen Sie Karlsborg in nördliche Richtung gen **Forsvik**. Dort können Sie sich die älteste Schleuse des Götakanals anschauen (1813) und im **Industriedenkmal** *(Juni–Aug. tgl. 10–18 Uhr | Tel. 0505/413 52 | Eintritt 50 SEK | www. forsvik.com)* sehen, wie im 15. Jh.

Mehl gemahlen und Eisen geschmiedet wurde. Ein Abstecher führt zum **Vaberg** südlich der Stadt. Der Berg ist gespickt mit Verteidigungsanlagen (19. Jh.), die als Ergänzung zur Festung Karlsborg dienten. Vom 🌿 Gipfel haben Sie einen schönen Blick über Festung, Stadt sowie die Seen Booten und Vättern.

Setzen Sie den Weg von Forsvik aus Richtung Nordwesten fort, und überqueren Sie den See Viken am Brosund. Weiter geht es nach **Tåtorp**, wo der Götakanal in den Viken mündet. Nach einem Bad in **Beateberg** können Sie in Tåtorp in der Jugendherberge mit einem wunderschönen Garten mit Café übernachten *(15. Mai–15. Aug. | Tel. 0506/530 86 | www.tatorp.se)*. Hier lohnt es, einen Tag mit Angeln, Kanufahren oder Wandern zu verbringen. Danach geht es auf dem Treidelpfad am Götakanal weiter Richtung Sjötorp. Der Ort **Töreboda** eignet sich mit seinen Cafés für eine Pause. Setzen Sie dann über

Blick vom Vaberg: Karlsborg war im 19. Jh. eine riesige Festungsanlage

mit der schnellsten Fährverbindung Schwedens – es dauert keine 30 Sekunden! Folgen Sie dem Götakanal weiter gen Norden. Nach etwa 5 km wird der Kanal nochmals etwas breiter, und Sie kommen zum Magasinet in Hajstorp, wo im Sommer Kunsthandwerk verkauft wird.

Als nächster Zwischenstopp bietet sich Norrqvarn an. Dort sind Teile des Götakanals in Miniatur nachgebaut. Vor Ort gibt es ein Hotel und ein Restaurant (27 Zi. | Tel. 0501/ 507 70 | www.norrqvarn.se | €€). Bis Sjötorp sind es nun noch gut 7 km. Hier gibt es ein weiteres Kanalmuseum (Gamla Hamnmagasinet | Juni–Aug. tgl 10–18 Uhr | Eintritt 40 SEK). Es zeigt u.a. alte Bootsmotoren und Teile des alten Schiffs Valborg. In Sjötorp können Sie wieder eines der Kanalboote besteigen und Richtung Göteborg oder Stockholm fahren.

2 ZU FUSS DURCHS GÖTEBORGER HINTERLAND

Diese Wanderung geht in drei bis sechs Tagen von Tulebo bis zur Bohus-Festung bei Kungälv. Sie durchlaufen die ersten sechs Etappen (60 km) des 370 km langen Bohusleden, der von Blåvättnerna südlich von Göteborg bis hinauf in den Küstenort Strömstad führt. Sie kommen durch Wälder, vorbei an Dörfern, Herrenhäusern und kleinen Seen, in denen Sie teils baden können.

Lassen Sie die ersten Kilometer des Bohusleden aus, und starten Sie in Tulebo am Tulebosee. Der Ort ist von Göteborg aus mit dem Auto in einer Viertelstunde zu erreichen. Die ersten Kilometer laufen Sie durch lichte Waldstücke mit mehreren Seen. Dann geht es durch den Gunnebopark, der im englischen Stil angelegt wurde. Schauen Sie sich unbedingt das Gunnebo-Schloss an (geführte Touren 20. Juni–28. Aug. tgl. 12, 13, 14, Sept.–19. Juni nur Sa/So | Eintritt 50 SEK | www.gunneboslott. se). Der prachtvolle Bau des 18. Jhs. diente einem reichen Göteborger Kaufmann als Sommersitz. Im Café im Dienstbotenhaus können Sie sich stärken.

Folgen Sie dem Bohusleden bis Stensjön, wo die erste Etappe zu Ende geht. Falls Sie nicht zelten möchten, ist die Stadt Mölndal nicht weit. Preiswert übernachten können Sie z.B. im Ibis (68 Zi. | Idrottsvaegen 6 | Tel. 031/67 96 30 | Fax 87 98 18 | €). Am nächsten Tag geht es weiter Richtung Norden. Bald macht der Weg einen starken Knick nach rechts und führt unter der Landstraße Nr. 40 hindurch zum See Stora Delsjö. Hier können Sie eine Badepause einlegen, im Café zu Mittag essen und ein Kanu mieten. Bis zum Ende der Etappe sind es keine 3 km mehr. Entweder übernachten Sie auf dem Campingplatz Kärralund (Tel. 031/ 84 02 00), oder Sie schließen gleich die dritte Etappe an und wandern weitere 8 km bis zum Badesee Kåsjön. Unterwegs haben Sie auf der Anhöhe ☀ Getryggen eine vorzügliche Aussicht über Göteborg. Nächtigen können Sie in der Jugendherberge in Åstebo (120 Betten | Tel. 031/44 65 01).

Am nächsten Morgen geht es weitere 9 km durch Wald- und Seenlandschaft bis nach Jonsered. Der alte Industrieort ist wegen seiner Bauten aus dem 19. Jh. bis heute sehenswert, ebenso das örtliche Gutshaus, das schon zu Beginn der fünften Etappe liegt. Hinter dem Gutshaus teilt sich der Weg. Wählen Sie die kürzere, nach links führende Strecke, wenn Sie am selben Tag noch die letzte Etappe zurücklegen wollen. Nachdem die Wege wieder zusammenführen, wandern Sie zwischen den Seen **Lilla** und **Stora Ramsjö** vorbei und gehen über eine Hängebrücke. Auf dem anschließenden ⚡ Hochplateau haben Sie erneut gute Aussicht über Göteborg und den Ort **Partille**. Weiter geht es durch Waldstücke am See entlang bis zur **Angereds-Kirche**, wo die letzte Etappe beginnt. Übernachten können Sie in **Angered** oder ein paar Kilometer weiter in **Gunnared**. Am letzten Tag legen Sie 16 km zurück – durch Ackerland und das Naturreservat **Vättlefjäll** mit vielen Seen. Schließlich erblicken Sie die Ruinen der Festung **Bohus** aus dem 14. Jh. Mit dem Bus geht es zurück nach Tulebo.

3 NORDSCHWEDENS OSTSEEKÜSTE

Diese Autotour führt Sie in zwei bis vier Tagen von Piteå ganz im Norden des Landes bis ins 500 km weiter südlich gelegene Sundsvall. Dabei fahren Sie stets dicht an der Küste entlang und passieren einige der interessantesten kulturhistorischen Stätten des Landes. In mehreren Leuchttürmen können Sie übernachten. Unterwegs gibt es Gelegenheit zu schwimmen, zu reiten und zu wandern.

Fahren Sie in **Piteå** *(S. 96)* auf die E4 Richtung Süden. Nach knapp 20 km erreichen Sie die Ortschaft **Jävre**. Hier lohnt der 8 km lange Wanderweg **Arkeologstigen** einen Stopp. An ihm liegen Grabfelder aus der Bronzezeit und die Steinkonstruktion „liegende Henne", die wohl einmal eine Opferstelle war. Der Weg führt auf den Gipfel des **Högberget**, dort gibt es am Wegesrand einen ⚡ **kleinen Grillplatz mit Blick übers Meer.** *Insider Tipp*

Nach 30 km auf der E4 kommen Sie nach **Byske**. Funde deuten darauf hin, dass dort bereits vor 6000 Jahren Menschen siedelten. Legen Sie sich an den Strand von **Byskehavsbad**, oder wagen Sie den Sprung in der Bottnischen Meerbusen. Hier können Sie auch campen oder eine Hütte mieten *(Tel. 0912/612 90 | www.byskehavs bad.com)*. Bis nach **Skellefteå** sind es noch 30 km. Sehenswert ist die Kirche von 1795 mit Holzskulpturen aus dem Mittelalter. Das **Museum Anna Nordlander** zeigt Werke nordeuropäischer Künstlerinnen *(in der Stadtbibliothek Kanalgatan 73 sowie Nygatan 56 | Mo–Do 12–16 Uhr | Eintritt frei)*.

Folgen Sie der E4 raus aus Skellefteå, und biegen Sie nach 17 km links auf den **Norra Kustvägen** Richtung **Bureå**, wo Sie den nächsten Halt einlegen können. Von der Kirche im nationalromantischen Stil führt ein Spazierweg zum **Klosterholmen**.

Folgen Sie nun dem **Norra Kustvägen**. Auf der schmalen Straße fährt kaum ein Auto. Nach 35 km kommen Sie nach **Bjuröklubb**. An der Spitze einer stillen Bucht steht der gleichnamige Leuchtturm, der heute ein Café beherbergt *(18. Juni–7. Aug. tgl. 12–18 Uhr)*. **Im Leuchtturm können Sie auch übernachten** *(9 Zi. | Tel. 070/510 66 60 | www.bjuroklubb.nu | €)*. *Insider Tipp* Machen Sie unbedingt einen Spaziergang zum Jungfrauenhafen, dort stand bereits im 13. Jh. ein Hafen. Im Wald dahinter stehen Reste mittelalterlicher Behausungen.

Setzen Sie Ihre Fahrt Richtung Lövanger fort, fahren Sie dort wieder auf die E4. In der Kirchenstadt von **Lövanger**, die zu den am besten erhaltenen des Landes gehört, schliefen die von weither angereisten Gläubigen. Nach weiteren 90 km auf der E4 sind Sie in **Umeå** *(S. 96)*. Über Örnsköldsvik kommen Sie in die Region

cke **Höga Kusten Bron**. Halten Sie davor auf dem Parkplatz des **Hotels Höga Kusten** *(28 Zi. | Tel. 0613/72 22 70 | Fax 72 22 79 | www. hotellhoga-kusten.se | €€)*, um den unvergleichlichen Ausblick zu genießen.

Weiter geht es nach **Härnösand**. Das **Freilichtmuseum Murberg** *(Di–So 11–17 Uhr | Eintritt frei | www.ylm.se)* ver-

Glück hat, wer auf seiner Reise einem der 250 000 schwedischen Elche begegnet

Höga Kusten *(S. 82ff.)*. Hier können Sie wandern, reiten oder schwimmen.

Schauen Sie sich unbedingt den Fischerort **Bönhamn** mit der Kapelle aus dem 17. Jh. an. Der auf der Insel **Högbonden** an der Steilküste gelegene **Leuchtturm** ist zur Jugendherberge umfunktioniert worden *(Mai–Okt. Tel. 0613/230 05, Nov.–April Tel. 230 00 | www.hogbonden.se | €)*. Wieder auf der E4, überqueren Sie bald die Brü-

Insider Tipp

schafft einen Überblick über die kulturgeschichte Nordschwedens. Vom **Vårdkasberg** überblicken Sie Stadt und Umland. In der Hochsaison legen in Härnösand Ausflugsboote ab, die in die Region Höga Kusten fahren *(Tel. 070/660 52 92 | www.adalen3.com | oder Tel. 0613/105 50 | www.hkship.se)*. Weiter geht es die E4 nach **Sundsvall** *(S. 88)*, wo Sie Ihre Reise beenden.

EIN TAG IN MALMÖ

Action pur und einmalige Erlebnisse.
Gehen Sie auf Tour mit unserem Szene-Scout

GOD MORGON!

9:00

Aufwachen und ab ins *Hollandia*! Im herrlich antiquierten Ambiente des Cafés wird das beste Gebäck der Stadt serviert. Dazu einen Kaffee bestellen und schon kann der Action-Tag beginnen. **WO?** *Södra Förstadsgatan 8 | Tel. 040 12 48 86 | www.hollandia.se*

10:00

KAJAKTOUR

Das Kajak wartet! Einsteigen und lospaddeln: Per geführter Tour geht's mit dem Boot durch Malmös Kanäle, vorbei an herrlichen Parks und einmal quer durch die Stadtmitte – so erlebt man die City aus einer ungewöhnlichen Perspektive und hat damit sein Fitnessprogramm für den Tag absolviert. **WO?** *Kajakevent Sweden, Norra Vallgatan 28 | Tel. 040 30 31 05 | Kosten: 350 SEK | www.kajakevent.se*

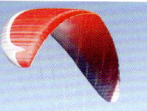

TURNING TORSO VON OBEN

12:00

Mutige vor! Wenn sich die Türen des Flugzeugs in luftiger Höhe öffnen, heißt es Nerven bewahren. Sekunden später schwebt man dem Boden entgegen. Dieser Tandemsprung sorgt nicht nur für den Adrenalinkick, sondern auch für den tollsten Blick auf den Sci-fi-Bau *Turning Torso*. Suchtgefahr! **WO?** *Skydive Skåne, Svenstorpsgatan 6 | Tel. 040 91 00 92 | Kosten: 2400 SEK | www.skydiveskane.se*

13:30

GENUSS FÜR DIE SINNE

Wem nach so viel Action der Magen knurrt, der ist im *Café Grannen* richtig. Adrenalin auf Normalniveau zurückfahren und einen Drink bestellen. Das Café ist außerdem ein Treffpunkt für Kunstliebhaber: An den Wänden hängen die Werke lokaler Maler. **WO?** *Östervärnsgatan 5*

24 h

KALTBADEN UND SCHWITZEN MIT STIL

14:30

Nur 20 Fußminuten vom Zentrum entfernt wartet am Ribersborger Strand schon das leuchtend weiße Kaltbadehaus. Zuerst heißt es in der holzbefeuerten Sauna schwitzen, dann Zähne zusammenbeißen und sich zur Abkühlung ins Meerwasser stürzen. Brrr! Nicht ganz so Abgehärtete haben im dazugehörigen Café die beste Aussicht auf den Sund. **WO?** *Ribersborgsstranden – Limhamnsvägen, Pier 1 | Tel. 040 26 03 66 | Kosten: 55 SEK | www.ribban.com*

17:30

SKATEFUN

Rauf aufs Skateboard! Im *Stapelbäddsparken*, einem der größten und besten Skateboard Parks in Europa, geht es rund: Auf dem 2500 m^2 großen Areal im Trendviertel Västra Hamnen trifft sich die Szene. Tipp: Beim Üben der Moves die Tricks von den anderen abgucken! **WO?** *Stora Varvsgatan 15 | Eintritt frei | www.stapelbaddsparken.se*

EDELDINNER

20:00

Hunger? Trifft sich gut. Im eleganten Ambiente des *Skeppsbron 2* kommen innovative Fischgerichte auf den Teller. Man speist gebackenen Heilbutt mit Artischocken und gedünstete Miesmuscheln in Hummersauce. Als Nachspeise auf keinen Fall das leckere Moltebeeren-Brûlée mit Vanilleeis und Hagebutten-Suppe verpassen. **WO?** *Skeppsbron 2 | Tel. 040 30 62 02 | www.skeppsbron2.com*

23:00

LET'S DANCE

Genug geschlemmt, jetzt wird abgetanzt! Im exklusiven *Club Prive* feiern Malmös Trendsetter. Auf vier Etagen heißt es tanzen bis der Morgen graut – der DJ sorgt mit den passenden Beats für Stimmung. **WO?** *Malmborgsgatan 7 | Tel. 040 97 46 66 | www.clubprive.nu*

> EIN PARADIES FÜR AKTIVURLAUBER

Sportfreunde finden in Schweden jede Menge Herausforderungen

> Berge, weite, unbewohnte Landschaften, Flüsse, Seen und natürlich das Meer – Schwedens Natur bietet beste Voraussetzungen für Outdoorsport. Ob Skifahren, Wandern, Reiten, Segeln, Schwimmen oder Schlittschuhlaufen: Sportfreaks haben zu jeder Jahreszeit die freie Wahl.

Die Schweden mögen ganz besonders jede Art von Sport, der auf dem Wasser – ob flüssig oder gefroren – praktiziert wird. Begeistert schippern sie im Sommer mit dem Segelboot oder dem Kanu auf den vielen Wasserwegen umher, im Winter legen sie die gleiche Strecke mit *långfärdskridskor*, speziellen Schlittschuhen, auf dem Eis zurück. Informationen erteilt in der Regel auch das Turistbyrå vor Ort.

■ ANGELN ■

Die vielen Flüsse und Seen sowie das Meer sind ideal für einen spannenden Angelurlaub. Besonders gute Fisch-

Bild: Golfplatz von Värnamo

SPORT & AKTIVITÄTEN

gründe finden Freizeitfischer in den Flüsse *Ätran, Lagan* und *Nissan* im Süden des Landes. Wollen Sie gleich ein paar Tage angeln und entspannen, dann fahren Sie am besten in den Norden. Weit über Schweden hinaus bekannt ist das *Fischcamp Tjuonajokk (Tel. 0970/136 30 | www.tjuonajokk.se)* in Lappland. Unter der Mitternachtssonne macht das Angeln besonders viel Spaß, im Winter können Sie eisfischen.

Für die schwedischen Binnengewässer wird eine Angelkarte benötigt, die es im örtlichen Turistbyrå und Sportgeschäften sowie häufig an Kiosken gibt. An der Küste und den Seen *Vättern* und *Vänern* darf auch ohne Karte geangelt werden. Selbst mitten in der Stockholmer Innenstadt dürfen Sie ==ohne Genehmigung angeln – und das direkt vorm Haus des Regierungschefs im Strom, der nördlich des Reichstags fließt.==

Insider Tipp

FAHRRADFAHREN

Die relativ flache Landschaft macht Schweden zum perfekten Ort für Radfahrer, die gern gemütlich fahren und dabei viel sehen möchten. Herrlich fährt es sich auf der Insel *Gotland,* dort ist es auch nie weit zum nächsten Strand. Auf dem Festland sind die Strecken im Süden die schönsten *(z. B. Astrid-Lindgrenleden, Smålandsleden, Dalslandsleden).* Die gut ausgeschilderten Radwege führen vorbei an blühenden Feldern, felsigen und sandigen Küstenabschnitten, Seen und Flüssen. Von Skåne bis hinauf nach Lappland führt der über 2500 km lange *Sverigeleden,* entlang der Ostküste und hinaus in die Schären der *Kustlinjen.* Die Strecke ist besonders reizvoll, weil sie – mit Fähren – auch in die Stockholmer Schären führt. *Infos und Karten: Svenska Cykelsällskapet | Tel. 08/751 62 04 | www.svenska-cykelsallskapet.se*

GOLF

Weil es in Schweden so viel Platz gibt, ist der Golfsport relativ preiswert und längst nicht so exklusiv wie in anderen Ländern. Viele Clubs liegen herrlich am Meer oder in der Heidelandschaft, am größten ist die Auswahl im Süden. Ganz exotisch ist Wintergolf in *Arvidsjaur* in Lappland: <mark>Statt auf Gras wird hier auf Eis gespielt!</mark> *(Camp Gielas | Tel. 0960/ 556 09).* Info: *Svenska Golfförbundet | Tel. 08/ 622 15 00 | www.golf. se*

KANU- & KAJAKFAHREN, RAFTING

Die vielen Flüsse, die miteinander verbundenen Seen und natürlich die Schären sind hervorragende Reviere für Kanu- und Kajaktouren. Wer ruhige und entspannte Fahrten mag, paddelt am besten auf den Binnengewässern im Süden (z. B. in der Seenlandschaft nördlich von *Gnesta,* um

Perfektes Vergnügen für Genießer: Radfahren in der flachen, vielfältigen Natur Schwedens

SPORT & AKTIVITÄTEN

Växjö oder bei *Jönköping),* nachts darf am Ufer gezeltet werden. Raue Wildwassertouren sind in *Värmland* möglich. Auch durch die *Stockholmer Schären* kann gepaddelt werden. *Infos: Svenska Kanotförbund | Tel. 155/20 90 80 | www.kanot.com | www.kanotguiden.com*

■ REITEN

Besonders schön sind mehrtägige Reittouren durch die unberührte Natur entlang dem *Hallandleden* südlich von Göteborg oder im *Södermanland* südwestlich von Stockholm. Übers ganze Land verteilt gibt es Pferdehöfe, die Touren und Trips organisieren sowie Reitunterricht geben. *Infos: Hästlandet Sverige | Tel. 08/787 50 00 | www.hastlandet.se*

■ SEGELN

Die schönsten Segelreviere sind zweifelsohne die Schären vor Göteborg und Stockholm sowie die Gegend um die Inseln Öland und Gotland. Dort gibt es zahlreiche Segelschulen und viele Veranstalter, die Törns organisieren. *Broschüre mit Gästehäfen: Gästhamnsguiden AB | Tel. 0474/482 85 | www.gasthamnsguiden.se | Kurse z. B. bei: Svenska Kryssarklubbens Seglarskola | Tel. 031/29 35 05 | www. sxk.se/seglarskolan*

■ WANDERN & TREKKING

Jede Landschaft hat ihren eigenen Reiz. Im Norden, z.B. im *Abisko-Nationalpark,* sind tagelange Trekkingtouren durch die unberührte, steppenartige Landschaft möglich, ohne mehr als einer Hand voll Menschen zu begegnen. Der Wanderweg entlang der *Höga Kusten (Högakustenleden)* im

Osten bietet einen phantastischen Blick über die Küste am Bottnischen Meerbusen. Entspannte, kürzere Touren führen am See *Vänern (Kinnekileleden)* vorbei sowie durch *Värmland* oder *Dalarna.* Der berühmteste schwedische Wanderweg, der *Kungsleden,* geht von *Abisko* in Lappland bis hinunter nach *Dalarna.* Die meisten Wanderwege sind gut ausgeschildert, detaillierte Wanderkarten gibt es in Sportgeschäften oder beim örtlichen Turistbyrå. Dank Jedermannsrecht können Sie meist problemlos zelten, oft gibt es auch Hütten. *Infos: Svenska Turistföreningen | Tel. 08/ 463 21 00 | www.stf.nu*

■ WINTERSPORT

Schöne Langlauftouren mitten durch die Natur sind in ganz Schweden möglich: Gleiten Sie in Stockholm über die Insel *Djurgården* und die zugefrorene Ostsee, unternehmen Sie mehrtägige Touren in *Lappland (z.B. Abisko).* Die meisten Abfahrtshänge sind eher bescheiden, deshalb aber für Anfänger und kleine Kinder wunderbar geeignet. Wer es anspruchsvoller mag, fährt in die Gegend um *Åre* und *Idreffjället* oder zur *Offpisttour* nach *Björkliden.* In *Riksgränsen* kann bis Ende Juni sogar unter der Mitternachtssonne gefahren werden.

Schwedischer Nationalsport ist das Gleiten über die zugefrorene Ostsee oder einen der vielen Kanäle mit den *långfärdskridskor,* Schlittschuhen mit besonders langen Kufen. Diese Fortbewegungsart sollte nur mit Sicherheitsausrüstung und ortskundigem Führer unternommen werden. *Infos: Svenska Turistföreningen | Tel. 08/463 21 00 | www.stf.nu*

> GERN GESEHENE GÄSTE

In Astrid Lindgrens Heimatland sind Reisen mit Kindern
ein ausgesprochenes Vergnügen

> **Schweden ist ein sehr familienfreundlich. Staat und Gesellschaft unterstützen Paare mit Kinderwunsch ganz besonders. Beide Elternteile können sich zur Erziehung bezahlten Urlaub nehmen, staatliche Kindergartenplätze gibt es für alle Kinder.** Familien, die in Schweden Urlaub machen, spüren das kinderfreundliche Klima: In Restaurants gibt es Hochstühle und preiswertere Kinderportionen. In vielen Hotels schlafen Kinder im Zimmer der Eltern gratis mit. Auf dem Bahnticket von Vater oder Mutter fahren zwei Kinder bis 15 Jahre kostenlos mit. Museen haben oft einen extra Raum, in dem Kinder eigene Kunstwerke produzieren können.

Inside Tipp

■ STOCKHOLM ■

GRÖNA LUND   [U F5–6]
Traditionsreicher Vergnügungspark auf der Insel Djurgården mitten in der Stadt mit Attraktionen wie Achterbahn und Kettenkarussell. Café

Bild: Idylle am See bei Sturkö

MIT KINDERN REISEN

und Restaurant. *Mai–Sept. tgl. 14–22, im Sommer z. T. auch 10–24 Uhr | Eintritt 60, Kinder 4–12 Jahre 30 SEK, zzgl. Attraktionen | Lilla Allmänna Gränd 9 | Tel. 08/ 58 75 01 00 | www.gronalund.se*

JUNIBACKEN [U E4]
Im Kindermuseum Junibacken tauchen die Kleinen in die Welt der Astrid Lindgren ein. Treffen Sie Pippi Langstrumpf in der Villa Kunterbunt, und besuchen Sie <mark>Schwedens größte Kinderbuchhandlung.</mark> Bistro. *Aug.–Mai Di–So 10–17, Juni tgl. 10–17, Juli tgl. 9–19 Uhr | Eintritt 110, Kinder 3–15 Jahre 95 SEK | Galärvarvsvägen (Djurgården) | Tel. 08/ 58 72 30 00 | www.junibacken.se*

<mark>Insider Tipp</mark>

■ DER SÜDEN

ASTRID LINDGRENS VÄRLD [127 D2]
In Vimmerby, dem Heimatort der Schriftstellerin, ist für Kinder die

ganze Welt der Lindgren-Geschichten nachgebaut worden. Auf dem riesigen Areal stehen Pippis Villa Kunterbunt, Michels Hof von Kattult und das Dorf Bullerbü. Außerdem Theateraufführungen. Mit Café und Restaurant. *14. Mai–10. Juni tgl. 10–17 Uhr | Eintritt 125, Kinder 4–15 Jahre 105 SEK | 11. Juni–28. Aug. tgl. 10–18 Uhr | Eintritt 210, Kinder 4–15 Jahre 145 SEK | Vimmerby | Tel. 0492/798 00 | www.alv.se*

KREATIVUM [126 C4]

Im Entdeckerzentrum Kreativum in Karlshamn lernen Kinder spielend naturwissenschaftliche Phänomene kennen. Beim Erraten unterschiedlicher Düfte wird der Geruchssinn auf die Probe gestellt, Zauberspiegel führen den Sehsinn in die Irre. Kinder können einen Animationsfilm produzieren, ein Boot bauen und Papier herstellen. Spannende naturwissenschaftliche Filme zeigt das 3D-Kino. Bringen Sie ihr eigenes Picknick mit oder suchen sich etwas Feines im Café aus. *10. Juni–28. Aug. tgl. 10–17, 29. Aug.–9. Juni Fr–So 11–17 Uhr | Eintritt 90, Kinder 70 SEK | Stömavägen 28 | Karlshamn | Tel. 0454/30 33 60 | www.kreativum.se*

WESTKÜSTE

HALMSTAD ÄVENTYRSLAND [126 B3]

Gleich sechs Themenparks gibt es im Abenteuerland vor den Toren Halmstads. Im Miniland stehen die berühmtesten Schlösser Schwedens im Maßstab 1:25 nachgebaut, Dinosaurier in Originalgröße gibt es im Dinoland, außerdem können Sie eine Kirmes, ein Märchen- und ein Piratenland besuchen. Mit Restaurant.

Gamla Tylösandsvägen 1 | 24. Juni–1. Sept. tgl. 10–20 Uhr | Eintritt 150 SEK, Kinder unter 1 m frei | Tel. 035/10 84 60 | www.aventyrslandet.se

UNIVERSEUM [126 A2]

Wissenschaftsmuseum und Erlebniszentrum in Göteborg. Mit Tropenlandschaften und Aquarium. *Jan.–April und 22. Aug.–Dez. Di–So 11–18, Mai–26. Juni tgl. 10–18, 27. Juni–21. Aug. tgl. 10–19 Uhr | Eintritt 110 SEK wochentags, Hochsaison/Wochenende 135 SEK, Kinder unter 5 Jahre frei | Södra Vägen 50 | Tel. 031/335 64 50 | www.universeum.se*

MITTELSCHWEDEN

VILDMARK I VÄRMLAND [128 B3]

Bauen Sie mit Ihren Kindern unter Anleitung ein Floß, und schippern Sie damit den Klarälv hinunter. Die Experten von *Vildmark i Värmland* zeigen Ihnen, wie es geht, und begleiten Sie auf ein- bis siebentägigen Touren. Im Angebot auch Kanu- und Klettertouren. *Ab 500 SEK Kinder bis 14 Jahre 250 SEK | Torsby | Tel. 0560/140 40 | www.vildmark.se*

BARNENS Ö [128 C5]

Auf der Kinderinsel in Örebro gibt es alles im Miniformat. Die Kinder fahren mit dem Liliputzug oder kleinen Elektroautos in den Tierpark oder zum Spielplatz. *Mai–Aug Mo–Fr 10–17, Sa/So 11–18, Sept. Sa/ So 11–18 Uhr | Eintritt frei | Tel. 019/ 14 96 10*

MITTLERER NORDEN

ÄVENTYRET SOMMARLAND [128 C2]

Schwimmbäder mit Rutschbahn, Hüpf- und Kletterburgen, Motorgokarts sowie Tret- und Elektroboote

MIT KINDERN REISEN

begeistern Groß und Klein. Restaurant. *Juni–Aug. tgl. 10–17 Uhr | Eintritt 155, Kinder 120 SEK (in der Hochsaison teurer), Leksand am Siljan-See | Tel. 0247/139 39 |* www.som marland.nu

Schatzsuche bis hin zu Cowboy spielen. *27. Juni–7. Aug. Sa–Do 11–17 Uhr | Eintritt 50, Kinder 80 SEK | Stämningsgården (5 km vor Skellefteå an der Straße 95) | Tel. 0910/ 563 33*

Ob im Tier- oder Abenteuerpark: Kinder können in Schweden viel entdecken

VERKET [129 D3]

Entdecken Sie, wie es früher in einem schwedischen Erzwerk zuging. Genau das Richtige für Technikinteressierte und Abenteuerlustige. *Juni–Aug. tgl. 11–17, Sept. und Okt. Sa/So 12–16 Uhr | Eintritt 50, Kinder 25 SEK | Koppardalen i Avesta | Avesta | Tel. 0226/64 51 77 |* www.verket.se

NORDEN

LILLEPUTTLANDET [131 F2]

Abenteuerpark mit mehr als 30 Angeboten von Gold waschen über

LYCKSELE DJURPARK [131 E2]

In Schwedens nördlichstem Tierpark leben vor allem die Tiere, die es dort auch in freier Wildbahn gibt: Bären, Luchse, Elche und Rentiere. Außerdem gibt es einen Park mit Kletterturm, Karussell, Elektrobooten. Restaurant. *Juni–Aug. tgl. 10–16 Uhr, weitere Öffnungszeiten telefonisch erfragen | Eintritt 55, Kinder 4–17 Jahre 35 SEK, in der Hochsaison teurer | Brännbergsvägen (Lycksele) | Tel. 0950/163 63 |* www.lyckseledjur park.com

> VON ANREISE BIS ZOLL

Urlaub von Anfang bis Ende: die wichtigsten Adressen und Informationen für Ihre Schwedenreise

ANREISE

AUTO/FÄHRE

Aus Deutschland gibt es mehrere Verbindungen mit Autofähre nach Schweden (alle Telefonnummern in Deutschland). Von Travemünde aus geht es sowohl nach Malmö *(Nordö Link | 9 Std. | Tel. 04502/805 11 | www.nordoe-link.se)* als auch nach Trelleborg *(TT Line | 7 Std. | Tel. 036/014 42 | www.ttline.de)*. TT sowie Scandlines und Stena Line bedienen auch die Strecke Rostock–Trelleborg *(5,5 Std. | Scandlines | Tel. 01805/72 26 35 46 37 | www.scandlines.de | Stena: www.stenaline.de)*. Stena verbindet außerdem Kiel mit Göteborg *(14,5 Std.)*. Scandlines fährt auch Sassnitz–Trelleborg *(4 Std.)* sowie von Puttgarden ins dänische *Rødby (45 Min.)*, von dort aus weiter über Kopenhagen und die Öresundbrücke. Die Überfahrt *(33 EUR/Pkw)* kann im Internet *(www.oresundbruecke.de)* gebucht werden.

BAHN

Schweden ist per Bahn über Hamburg–Kopenhagen/Öresundbrücke bzw. Berlin–Stralsund/Eisenbahnfähre erreichbar. Innerhalb Schwedens verbinden Hochgeschwindigkeitszüge die größeren Ortschaften, zudem gibt es viele regionale Bahngesellschaften. Günstig sind Bahnpässe wie die *Interrailkarte* für Schweden,

> WWW.MARCOPOLO.DE

Ihr Reise- und Freizeitportal im Internet!

> Aktuelle multimediale Informationen, Insider-Tipps und Angebote zu Zielen weltweit ... und für Ihre Stadt zu Hause!

> Interaktive Karten mit eingezeichneten Sehenswürdigkeiten, Hotels, Restaurants etc.

> Inspirierende Bilder, Videos, Reportagen

> Kostenloser 14-täglicher MARCO POLO Podcast: Hören Sie sich in ferne Länder und quirlige Metropolen!

> Gewinnspiele mit attraktiven Preisen

> Bewertungen, Tipps und Beiträge von Reisenden in der lebhaften MARCO POLO Community: *Jetzt mitmachen und kostenlos registrieren!*

> Praktische Services wie Routenplaner, Währungsrechner etc.

Abonnieren Sie den kostenlosen MARCO POLO Newsletter ... wir informieren Sie 14-täglich über Neuigkeiten auf marcopolo.de!

Reinklicken und wegträumen!
www.marcopolo.de

der *Scanrailpass* (ganz Skandinavien) oder die *Sommerkarte* für das ganze Land *(www.sj.se)* oder für Teile *(www. sommarkortet.nu)* an.

FLUGZEUG

Flüge nach Schweden sind z. T. sehr preiswert. Tickets gibt es ab 20 Euro, in der Regel muss mit 100 Euro gerechnet werden. Ryanair steuert von Frankfurt/Hahn, Lübeck und Weeze/Niederrhein Stockholm an und fliegt von Frankfurt/Hahn nach Göteborg. Germanwings fliegt von Köln und Berlin nach Stockholm, Germania Express von München nach Stockholm. SAS und Lufthansa bieten die meisten Flüge an. Aus der Schweiz fliegt außer Swiss und SAS auch Ryanair (ab Basel) Stockholm direkt an. Österreicher erreichen den Flughafen Arlanda mit Direktflügen ab Wien (Austrian).

◼ AUSKUNFT ◼

SCHWEDEN-WERBUNG FÜR REISE UND TOURISTIK

Michaelisstraße 22 | 20459 Hamburg | Tel. 040/32 55 13 20 | 044/580 62 94 (aus der Schweiz) | 0192/ 867 02 (aus Österreich) | www.visit schweden.com

◼ AUTO ◼

In Schweden muss rund um die Uhr mit Licht gefahren werden. Das Tempolimit in Ortschaften beträgt 50 km/h, außerhalb zwischen 70 und 110 km/h. Die Promillegrenze liegt bei 0,2. Strafen bei Verstößen gegen die Straßenverkehrsordnung sind oft drastischer als in Deutschland. Parkplätze sind in den großen Städten rar und teuer, dafür ist der öffentliche Nahverkehr gut ausgebaut. Autofahrer müssen in der Stockholmer

▶ WAS KOSTET WIE VIEL?

▶ KAFFEE	CA. 1,60 EURO	für eine Tasse Kaffee
▶ BIER	CA. 4 EURO	für 0,4 Liter
▶ SNACK	CA. 2,50 EURO	für eine Hot Dog
▶ DISKO	CA. 10 EURO	für den Eintritt
▶ BENZIN	1,40 EURO	für einen Liter Normal
▶ EIS	3 EURO	für ein Waffeleis mit drei Kugeln

Innenstadt eine so genannte Staugebühr entrichten (max. 60 SEK/Tag). Fahrzeuge mit ausländischen Kennzeichen zahlen keine City-Maut.

◼ DIPLOMATISCHE VERTRETUNGEN

DEUTSCHE BOTSCHAFT

Sarpögatan 9 | Stockholm | Tel. 08/ 670 15 00 | Fax 670 15 72 | www. stockholm.diplo.de

ÖSTERREICHISCHE BOTSCHAFT

Kommendörsgatan 35/V | Stockholm | Tel. 08/665 17 70 | Fax 662 69 28 | *www.aussenministerium.at/stockholm*

SCHWEIZERISCHE BOTSCHAFT

Valhallavägen 64 | Stockholm | Tel. 08/676 79 00 | Fax 21 15 04 | www. eda.admin.ch/stockholm

EINREISE

Für die Einreise reicht für Bürger aus EU-Staaten und der Schweiz der Personalausweis.

GELD & KREDITKARTEN

Schweden ist zwar Mitglied der Europäischen Union, die Landeswährung ist aber weiterhin die Schwedische Krone (SEK). Viele Geschäfte und Hotels akzeptieren auch Euros,

WÄHRUNGSRECHNER

€	SEK	SEK	€
1	9,43	10	1,06
2	18,85	20	2,12
3	28,28	25	2,65
4	37,71	30	3,18
5	47,14	40	4,24
7	65,99	50	5,30
8	75,42	70	7,43
9	84,85	80	8,49
10	94,28	90	9,55

allerdings meist zu einem schlechten Wechselkurs. Fast überall kann mit der Kreditkarte bezahlt werden. Die EC-Karte hingegen wird nie, American Express nur selten als Zahlungsmittel akzeptiert. Geldautomaten, an denen Sie mir Ihrer EC-Karte abheben können, gibt es an jeder Ecke. Die Banken haben meist von 9.30 bis 15 Uhr geöffnet.

GESUNDHEIT

Versicherte werden in Schweden gegen Vorlage der europäischen Versichertenkarte behandelt. Allerdings sind die Wartezeiten oft extrem lang. Vor der Anreise empfiehlt sich eine Impfung gegen Frühsommer-Meningoencephalitis (FSME), die durch Zecken übertragen wird. Leitungswasser ist in der Regel bedenkenlos trinkbar.

INTERNET

Alle bekannteren schwedischen Tourismusseiten, die sich an Reisende aus dem Ausland richten, publizieren ihre Angebote auch in deutscher Sprache. Gute Ausgangspunkte sind *www.visitsweden.com*, *www.stockholmtown.com* oder *www.visit-smaland.com*. Wer eine Unterkunft sucht, wird unter *www.svenskastugor.eu*, *www.elchlust.de*, *www.hotellweb.se*, *www.bosikane.se* oder *www.nordiccamping.de* fündig. Bei der Planung von Routen und Verbindungen von/nach Schweden hilft *www.ferrycenter.se* weiter; beste Anlaufstelle für Reisen innerhalb Schwedens ist die Seite von Bahnen, Bussen und Binnenschifffahrt (auch deutsch) *www.resplus.se/default.asp?language=3*. Inlandflüge gibt's auf *www.sas.se*, *www.skyways.se* und *www.flynordic.se*.

WLAN ist in den besiedelten Gegenden Schwedens heute praktisch flächendeckend eingerichtet. Internetzugänge gibt es an Flughäfen, Bahnhöfen und Busbahnhöfen sowie in etlichen Cafés und den 7-Eleven-Kiosken. Schweden betreibt als erster Staat der Welt eine eigene virtuelle Botschaft in der Internet-Spielwelt „Second Life". Dort sind alle möglichen Informationen über das Land erhältlich und man trifft z. B. auf das Alter Ego bzw. den Avatar von Schwedens Außenminister und Internetfan Carl Bildt.

KLIMA & REISEZEIT

In den Wintermonaten kann es sehr kalt werden. Auch in Stockholm fällt das Thermometer dann manchmal unter minus 10 Grad. Dann ist es auch tagsüber nur sehr kurz hell. Die Sommer sind angenehm warm, ohne dass es zu heiß wird, im Juni ist es fast rund um die Uhr hell.

MASSE & GEWICHTE

Wegstrecken werden in Schweden häufig in schwedischen Meilen *(mil)* angegeben. Eine schwedische Meile entspricht 10 km. Bei Rezepten steht als Maßangabe oft Deziliter statt Gramm, gemessen wird also das Volumen, nicht das Gewicht der Zutaten.

MEDIEN

Die Tageszeitungen informieren über Theatervorstellungen, Konzerte und andere Veranstaltungen, Termine zu Stockholm gibt es unter *www.dn.se/ pastan*. In vielen Städten wird die Zeitung *Nöjesguiden* mit Hinweisen zu Cafés, Restaurants und Unterkünften angeboten. Speziell für Nordeuropafreunde gibt es in Deutschland, Österreich und der Schweiz das Magazin *Nordis (www. nordis.de)* zu kaufen.

MIETWAGEN

Mietwagen sind in Schweden relativ teuer. Wer wenig fährt, kann allerdings schon ab rund 30 Euro (280 SEK) für einen Tag einen kleinen Wagen mieten. Im Sommer gibt es oft Sonderangebote. Ein sehr dichtes Filialnetz und günstige Preise bietet *Statoil (Tel. 0770/25 25 25 | www. statoil.se/biluthyrning)*.

NOTRUF

Nationale Notrufnummer ist in Schweden die 112.

ÖFFENTLICHE VERKEHRSMITTEL

Der öffentliche Verkehr ist recht gut ausgebaut und wird meist von privaten Firmen im Auftrag der Provinzen und Gemeinden betrieben. Da v. a. im nördlichen Teil des Lands pro Tag und am Wochenende aber nur wenige Verbindungen angeboten werden, ist dort eine sorgfältige Planung nötig. Im Unterschied etwa zur Webseite der ehemaligen Staatsbahnen SJ kennt die Webseite *www.resplus.se* alle Verbindungen in Schweden. In den größeren Städten ist der Kauf einer Mehrfahrtenkarte bzw. eines Tages- oder Mehrtagespasses ein Muss, kostet doch sonst z. B. eine kurze Fahrt mit der Stockholmer Metro ab 40 SEK. Wichtige Websites: *www.sl.se* (Stockholm), *www.gl.se* (Göteborg), *www.dalatrafik* (Provinz Dalarna).

ÖFFNUNGSZEITEN

Viele Geschäfte, vor allem Supermärkte, haben in Schweden bis abends (oft 21 Uhr) und auch samstags und sonntags geöffnet. Museen, Sehenswürdigkeiten und Vergnügungsparks haben je nach Saison stark variierende Öffnungszeiten. Zwischen Mitte Juni und Mitte August, wenn in Schweden Schulferien sind und die meisten Touristen das

Land bereisen, haben alle deutlich länger geöffnet als außerhalb der Saison. Gerade in kleineren Orten öffnen Museen und Restaurants außerhalb des Sommers nur eingeschränkt.

POST

Das Porto für Postkarten und Briefe (bis 20 Gramm) weltweit kostet 11 SEK. Die Postfilialen sind in den vergangenen Jahren fast gänzlich verschwunden, dafür bieten viele Supermärkte und Kioske der Kette *Pressbyrån* Postdienstleistungen an.

PREISE

Schweden hat sich seit dem EU-Beitritt und dem gleichzeitigen Verzicht auf den Euro beim Preisniveau etwa dem europäischen Durchschnitt angenähert. Um davon richtig profitieren zu können, braucht es allerdings oft etwas Insiderwissen, Sprachkenntnisse sowie Buchungsgeschick. Buchen Sie auf jeden Fall Reisen und Übernachtungen möglichst frühzeitig und im Internet, besuchen Sie Restaurants zur Mittagszeit und nutzen Sie die weit verbreiteten Rabatte und Preisnachlässe für Kinder und Jugendliche. In Restaurants werden z. B. auf Anfrage oft Kinderermäßigungen gewährt, auch wenn sie auf keiner Menükarte auftauchen.

STROM

220 Volt Wechselstrom.

TELEFON & HANDY

Roaming, also die Nutzung des Handys im Ausland, kann teuer werden, muss es aber nicht! Ihr Handy bucht sich im Ausland automatisch in ein verfügbares Netz ein. Über den Menüpunkt „Netzwahl" können Sie manuell zu günstigeren Betreibern wechseln. Für einen längeren Urlaub lohnt sich der Kauf einer schwedischen Prepaid-Karte. Sie ermöglicht relativ günstiges Telefonieren innerhalb Schwedens. Besonders empfehlenswert ist *Telia*. Der Exmonopolist hat die beste Netzabdeckung und funktioniert auch in entlegenen Gebieten (Verkauf an Kiosken und Geschäftsstellen von Telia, *www.telia. se*). Am günstigsten ist das Versenden von SMS. Riesige Kosten verursacht die Mailbox: Abschalten, bevor Sie Ihr Heimatland verlassen!

Die Vorwahl für Schweden ist 0046. Vorwahl nach Deutschland: 0049, nach Österreich: 0043, in die Schweiz: 0041.

TRINKGELD

Trinkgeld in Cafés, Restaurants oder bei Taxifahrten ist in Schweden nicht so weit verbreitet wie in anderen Ländern. Gerade in Cafés bedient man sich ohnehin oft selber, und der Service lässt leider selbst in guten Restaurants oft zu wünschen übrig. Unabhängig davon freut sich natürlich jeder, wenn gute Arbeit mit einem kleinen Obolus belohnt wird.

UNTERKÜNFTE

Bei der Planung von Reisen und der Suche nach Unterkünften hilft die Website *www.map24.se*. Hier können Wegstrecken zwischen zwei beliebigen Orten in Schweden errechnet werden, gleichzeitig gibt es dort Tipps, wo am Rande des Weges preiswert übernachtet werden kann. Allerdings sind nicht alle Hotels verzeichnet.

CAMPINGPLÄTZE

Eine Übersicht bietet die Website *www.camping.se*.

FERIENHÄUSER & FERIENDÖRFER

Viele Ferienhäuser in Schweden werden über große Anbieter vermittelt und sollten vor allem in der Hauptsaison schon weit im Voraus gebucht werden. Informationen gibt es bei der *Schweden-Werbung für Reise und Touristik* sowie dem örtlichen Turistbyrå und in Reisebüros. Im Internet annoncieren zudem zahlreiche Privatpersonen, die Unterkünfte vermieten – eine sehr übersichtliche Website ist zum Beispiel *www.stugknuten.com*.

An vielen Stellen gibt es auch Feriendörfer *(semesterby)*. Diese Ansammlungen von preiswerten Hütten haben zumeist einfacheren Standard, liegen aber oft an schönen Orten, meist an einem See oder am Meer.

JUGENDHERBERGEN, B & B

Adressen von Jugendherbergen finden Sie beim schwedischen Touristenverein *(www.stf.nu)* und dem Schwedischen Wanderheimverband *(www.svif.se)*. Preiswerte Bed-&-Breakfast-Unterkünfte können Sie sowohl in den Städten als auch auf dem Land finden.

◼ ZEIT

In Schweden gilt die mitteleuropäische Zeit inklusive Sommerzeit.

◼ ZOLL

Für die Ein- und Ausfuhr von Waren nach/von Schweden gelten die Bestimmungen der EU. Als Richtwerte für Ein- und Ausfuhr dienen folgende Mengen: 10 l Spirituosen, 20 l Dessertweine, 90 l Wein oder 110 l Bier. Hinzu kommen die generellen Obergrenzen von 800 Zigaretten oder 100 Zigarren *(www.tullverket.se)*.

WETTER IN STOCKHOLM

Jan.	Feb.	März	April	Mai	Juni	Juli	Aug.	Sept.	Okt.	Nov.	Dez.
–1	–1	3	8	14	19	22	20	15	9	5	2
Tagestemperaturen in °C											
–5	–5	–4	1	6	11	14	13	9	5	1	–2
Nachttemperaturen in °C											
1	2	5	7	9	10	9	7	6	3	1	1
Sonnenschein Std./Tag											
10	7	6	7	7	8	9	10	9	9	10	11
Niederschlag Tage/Monat											
3	1	1	2	5	10	15	15	13	10	7	4
Wassertemperaturen in °C											

„Sprichst du Schwedisch?" Dieser Sprachführer hilft Ihnen,
die wichtigsten Wörter und Sätze auf Schwedisch zu sagen

Aussprache

Zur Erleichterung der Aussprache sind alle schwedischen Wörter mit einer einfachen
Aussprache (in eckigen Klammern) versehen. Im Schwedischen ist das persönliche
„Du" üblich. Diesem Brauch wurde auch im vorliegenden Sprachführer gefolgt. Im
Deutschen wurde jedoch das „Sie" beibehalten.

■ AUF EINEN BLICK ■

Ja./Nein.	Ja. [ja]/Nej. [nëi]
Vielleicht.	Kanske. [kansche]
Bitte.	Varsågod. [waschoguhd]
Danke.	Tack. [tak]
Gern geschehen.	Ingen orsak. [ingen oschak]
Entschuldigung!	Ursäkta!/Förlåt! [üschäkta/förloht]
Wie bitte?	Förlåt? [förloht]
Ich verstehe nicht.	Jag förstår inte. [ja föschtohr inte]
Ich spreche nur	Jag talar bara litet svenska.
wenig Schwedisch.	[ja tahlar bahra lite svenska]
Können Sie mir bitte	Förlåt, kan du hjälpa mig?
helfen?	[förloht, kan dü jelpa mëi]
Ich möchte … (haben).	Jag skulle vilja (ha) …
	[jag skule wilja (ha)]
Das gefällt mir (nicht).	Det tycker jag (inte) om.
	[de tüker ja (inte) om]
Haben Sie …?	Har du …? [hahr dü]
Wie viel kostet es?	Hur mycket kostar den/det?
	[hühr müke kostar den/det]
Wie viel Uhr ist es?	Hur mycket är klockan?
	[hühr müke é klokan]
Es ist zwei Uhr.	Klockan är två. [klokan är twoh]
Geöffnet.	Öppet. [öppet]
Geschlossen.	Stängt. [stengt]

■ KENNENLERNEN ■

Guten Morgen!	God morgon! [gumoron]
Guten Tag!	God dag! [gudà]
Guten Abend!	God kväll! [kwel]
Hallo! Grüß dich!	Hej! [hëi]
Wie geht es Ihnen/dir?	Hur mår ni/du? [hühr mohr ni/dü]

SPRACHFÜHRER SCHWEDISCH

Danke. Und Ihnen/dir?	Bra tack, och ni/du själv? [bra tak, ok ni/dü schälw]
Auf Wiedersehen!	Adjö! [ajö]
Bis morgen!	Vi ses i morgon! [wi ses imoron]
Tschüss!	Hej då! [hëi do]

■ UNTERWEGS ■

AUSKUNFT

links/rechts	till vänster/till höger [til wänster/til höger]
geradeaus	rakt fram [rakt fram]
nah/weit	nära/långt (bort) [nära/longt (bort)]
Entschuldigung, wie komme ich bitte nach …?	Ursäkta, hur kommer jag till …? [üschäkta, hür komer ja til]
Bitte, wo ist …	Ursäkta, var ligger … [üschäkta, war liger]
… der Hauptbahnhof?	… centralstationen? [sentralstaschunen]
… die U-Bahn?	… tunnelbanan? [tunelbanhan]
… der Flughafen?	… flygplatsen? [flügplatsen]
Wie weit ist das?	Hur långt är det? [hühr longt e de]

PANNE

Ich habe eine Panne.	Min bil har gått sönder. [min bihl har got sönder]
Würden Sie mir bitte einen Abschleppwagen schicken?	Vill du vara vänlig och ringa efter en bärgningsbil? [wil dü wa wenlig o ringa efter en bärjningsbihl]
Wo ist hier in der Nähe eine Werkstatt?	Finns det en verkstad här i närheten? [fins de en werkstahd här i närheten]

TANKSTELLE

Wo ist bitte die nächste Tankstelle?	Ursäkta, var ligger närmaste mack/bensinstation? [üschäkta, wahr liger närmaste mak/bensihnstaschun]
Ich möchte … Liter …	Jag vill ha … liter … [ja wil ha … lihter …]
… 95 Oktan bleifrei.	… 95 oktan blyfri. [nitifem oktan blüfri]
… 98 Oktan bleifrei.	… 98 oktan blyfri. [nitiota oktan blüfri]]
… Diesel.	… diesel. [disel]
Voll tanken, bitte.	Full tank, tack. [ful tank, tak]

UNFALL

Hilfe!	Hjälp! [jelp]

Achtung!/Vorsicht! Se upp!/Varning! [se üp/warning]
Rufen Sie bitte schnell … Var snäll och ring genast efter …
[war snel o ring jenast efter] …

einen Krankenwagen. … ambulans. [ambulans]
… die Polizei. … polisen. [puliesen]
… die Feuerwehr. … brandkåren. [brankoren]
Es war meine/Ihre Schuld. Det var mitt/ditt fel. [det wa mit/dit fehl]
Geben Sie mir bitte Ihren Kan jag få ditt namn och adress.
Namen und Ihre Anschrift. [kan ja fo dit namn o adress]

■ ESSEN/UNTERHALTUNG

Wo gibt es hier … Var finns det … [war fins de]
… ein gutes Restaurant? … en bra restaurang? [en bra resturang]
… ein nicht zu teures … en inte alltför dyr restaurang?
Restaurant? [en inte altför dür resturang]
Gibt es hier eine gemütliche Finns det någon trevlig kvarters-
Kneipe? krog här?
[fins de nohgon trewli kwarterskruhg här]

Reservieren Sie uns bitte Kan vi få beställa ett bord för fyra
für heute Abend einen personer till i kväll. [kan wi fo beställa
Tisch für vier Personen. et buhrd för führa persuhner til i kwel]
Zum Wohl!/Prost! Skål! [skohl]
Bezahlen, bitte. Kan jag få betala. [kan ja fo betahla]

■ EINKAUFEN

Wo finde ich … Var hittar jag … [war hitar ja]
… eine Apotheke? … ett apotek? [et apotehk]
… eine Bäckerei? … ett bageri? [et bageri]
… ein Kaufhaus? … ett varuhus? [et vahrühüs]
… ein Lebensmittelgeschäft? … en livsmedelsaffär? [en liwsmedelsafähr]
… einen Markt? … en marknad? [en marknad]

■ ÜBERNACHTUNG

Können Sie mir bitte … Kan du rekommendera …
empfehlen? [kan dü rekomendéra]
… ein gutes Hotel … … ett bra hotell? [et brah hutél]
… eine Pension … … ett pensionat? [et penschunat]
Ich habe ein Zimmer Jag har beställt ett rum.
reserviert. [ja hahr bestält et rüm]
Haben Sie noch Zimmer frei? Har du något rum ledigt?
[har dü nogot rum ledit]

ein Einzelzimmer ett enkelrum [et enkelrum]
ein Doppelzimmer ett dubbelrum [et dubelrum]
für eine Nacht för en natt [för en nat]

SPRACHFÜHRER

für eine Woche	för en vecka [för en weka]
Was kostet das Zimmer mit …	Vad kostar rummet med … [wa kostar rumet med]
… Frühstück?	… frukost? [frukost]
… Halbpension?	… halvpension? [halwpanschun]

PRAKTISCHE INFORMATIONEN

ARZT

Können Sie mir einen guten Arzt empfehlen?	Kan du rekommendera en bra läkare? [kan dü rekomedéra en brah läkare]
Ich habe mich verletzt.	Jag har skadat mig. [ja har skahdatt mäj]
Ich habe Fieber.	Jag har feber. [ja har fehber]
Ich habe hier Schmerzen.	Jag har ont här. [ja har unt här]

BANK

Wo ist hier bitte …	Var finns det … här? [war fins de … här]
… eine Bank?	… en bank … [en bank]
… eine Wechselstube?	… ett växelkontor … [et wäxelkontur]
Ich möchte … Euro (Schweizer Franken) in Kronen umwechseln.	Jag skulle vilja växla … Euro (schweiziska francs) till kronor. [ja skule wilja wäxla euro (schwëitsiska frang) til krunur]

POST

Was kostet …	Vad kostar … [wa kostar]
… ein Brief …	… ett brev … [et brew]
… eine Postkarte …	… ett vykort … [et wükurt]
… nach Deutschland?	… till tyskland? [til tüskland]

ZAHLEN

0	noll [nol]	12	tolv [tolw]
1	ett [et]	13	tretton [treton]
2	två [twoh]	14	fjorton [fjurton]
3	tre [tre]	15	femton [femton]
4	fyra [füra]	16	sexton [sexton]
5	fem [fem]	17	sjutton [schuton]
6	sex [sex]	18	arton [arton]
7	sju [schü]	19	nitton [niton]
8	åtta [ota]	20	tjugo [schügu]
9	nio [nie]	50	femtio [femti]
10	tio [tie]	100	hundra [hundra]
11	elva [elwa]	1000	tusen [tühsen]

> Die Seiteneinteilung für den Reiseatlas finden Sie auf dem hinteren Umschlag dieses Reiseführers.

Mit freundlicher Unterstützung von

kein urlaub ohne

holiday autos

gang einlegen, gas geben, urlaub kommen lassen.

holiday autos vermittelt ihnen ferienmietwagen zu alles inklusive preisen an über 5.000 stationen – weltweit.

REISEATLAS
SCHWEDEN

buchen sie gleich:

→ in ihrem reisebüro
→ unter www.holidayautos.de
→ telefonisch unter 0180 5 17 91 91
(14 ct/min aus dem deutschen festnetz)

kein urlaub ohne

**holiday
autos**

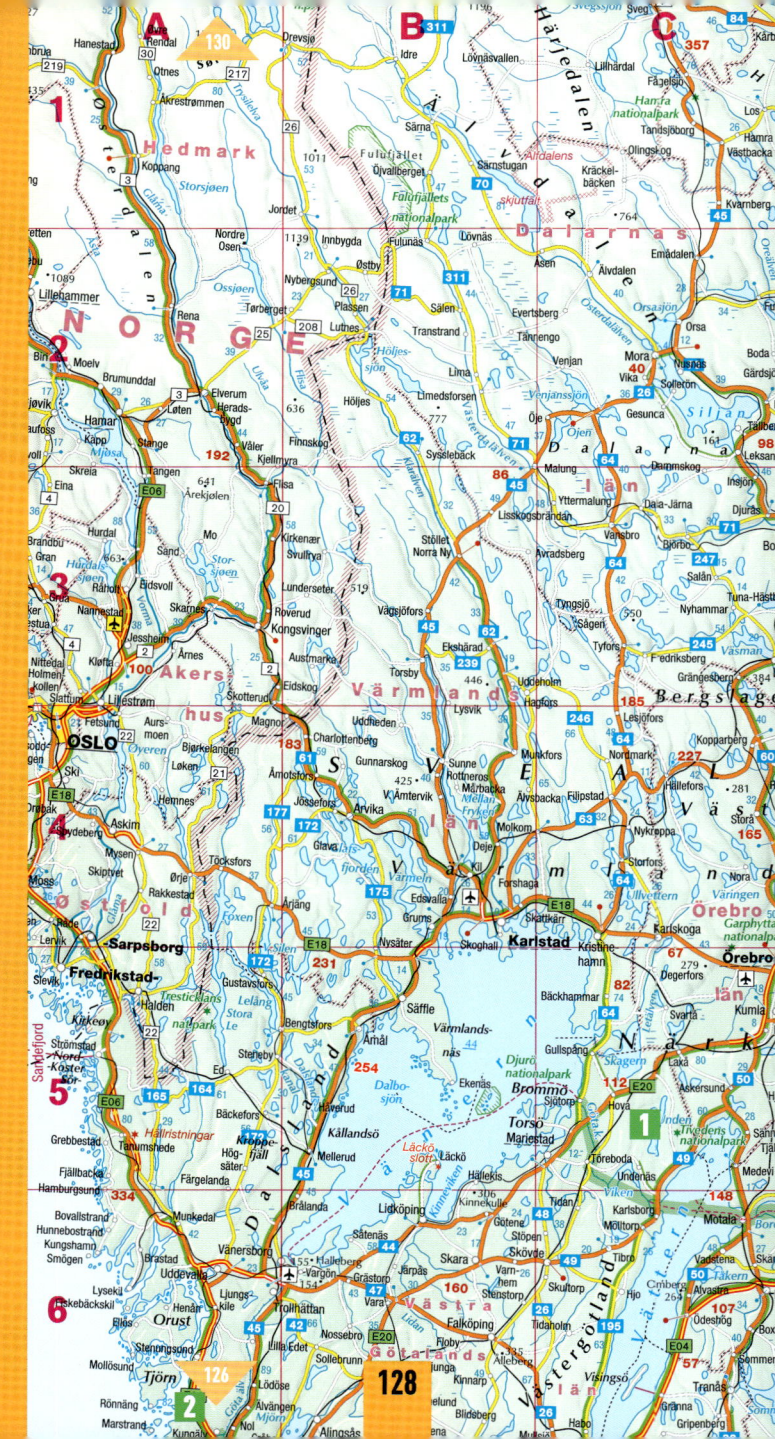

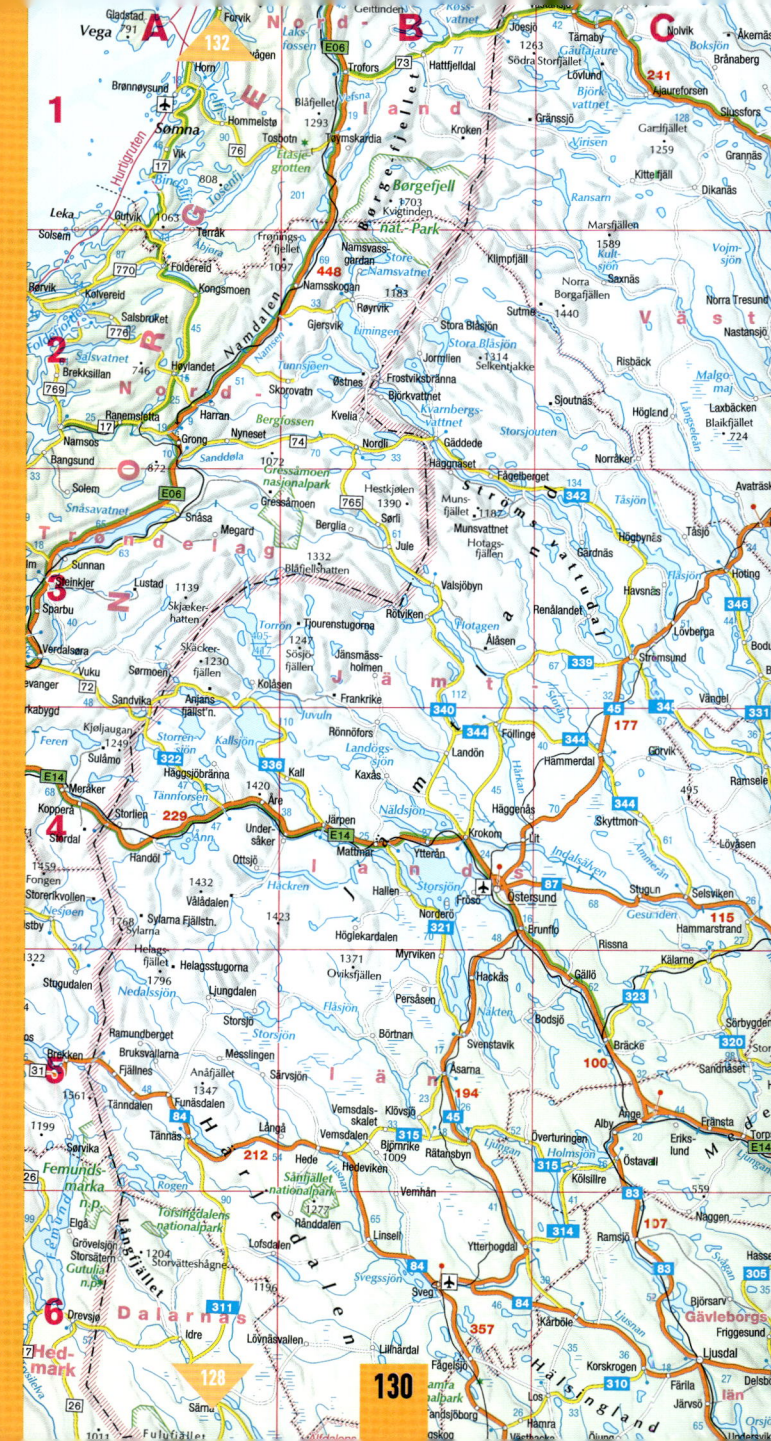

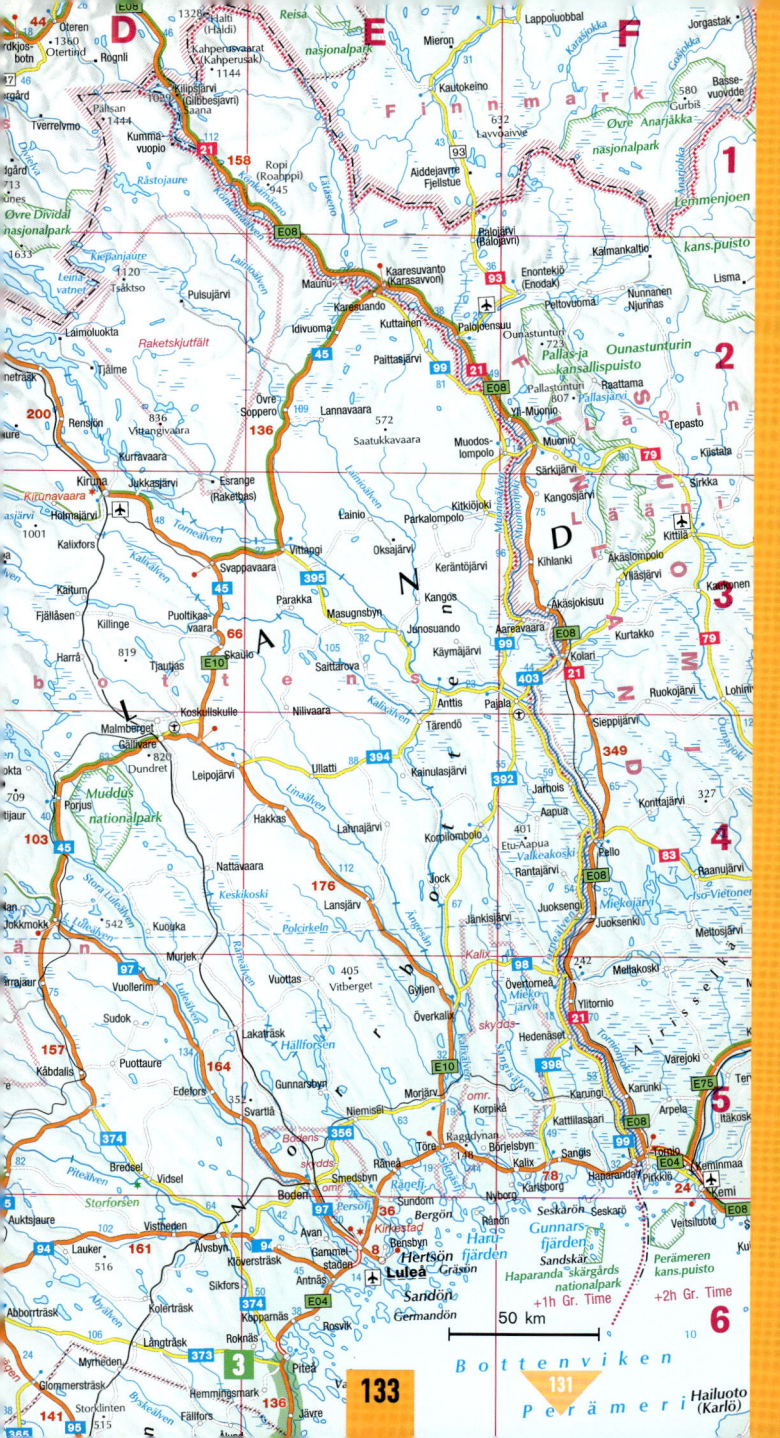

Autobahn, mehrspurige Straße - in Bau Highway, multilane divided road - under construction	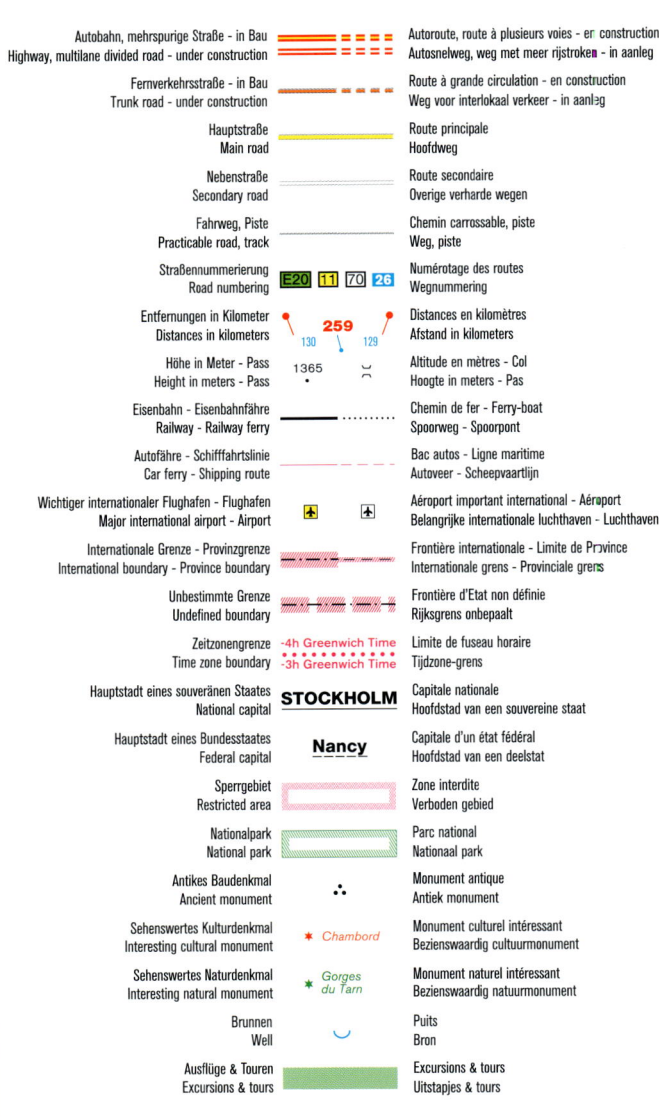	Autoroute, route à plusieurs voies - en construction Autosnelweg, weg met meer rijstroken - in aanleg
Fernverkehrsstraße - in Bau Trunk road - under construction		Route à grande circulation - en construction Weg voor interlokaal verkeer - in aanleg
Hauptstraße Main road		Route principale Hoofdweg
Nebenstraße Secondary road		Route secondaire Overige verharde wegen
Fahrweg, Piste Practicable road, track		Chemin carrossable, piste Weg, piste
Straßennummerierung Road numbering	E20 11 70 26	Numérotage des routes Wegnummering
Entfernungen in Kilometer Distances in kilometers	130 259 129	Distances en kilomètres Afstand in kilometers
Höhe in Meter - Pass Height in meters - Pass	1365	Altitude en mètres - Col Hoogte in meters - Pas
Eisenbahn - Eisenbahnfähre Railway - Railway ferry		Chemin de fer - Ferry-boat Spoorweg - Spoorpont
Autofähre - Schifffahrtslinie Car ferry - Shipping route		Bac autos - Ligne maritime Autoveer - Scheepvaartlijn
Wichtiger internationaler Flughafen - Flughafen Major international airport - Airport	✈ ✈	Aéroport important international - Aéroport Belangrijke internationale luchthaven - Luchthaven
Internationale Grenze - Provinzgrenze International boundary - Province boundary		Frontière internationale - Limite de Province Internationale grens - Provinciale grens
Unbestimmte Grenze Undefined boundary		Frontière d'Etat non définie Rijksgrens onbepaalt
Zeitzonengrenze Time zone boundary	-4h Greenwich Time -3h Greenwich Time	Limite de fuseau horaire Tijdzone-grens
Hauptstadt eines souveränen Staates National capital	**STOCKHOLM**	Capitale nationale Hoofdstad van een soevereine staat
Hauptstadt eines Bundesstaates Federal capital	_Nancy_	Capitale d'un état fédéral Hoofdstad van een deelstat
Sperrgebiet Restricted area		Zone interdite Verboden gebied
Nationalpark National park		Parc national Nationaal park
Antikes Baudenkmal Ancient monument	∴	Monument antique Antiek monument
Sehenswertes Kulturdenkmal Interesting cultural monument	✶ _Chambord_	Monument culturel intéressant Bezienswaardig cultuurmonument
Sehenswertes Naturdenkmal Interesting natural monument	✶ _Gorges du Tarn_	Monument naturel intéressant Bezienswaardig natuurmonument
Brunnen Well		Puits Bron
Ausflüge & Touren Excursions & tours		Excursions & tours Uitstapjes & tours

anzeige

über den daten-highway zu mehr spaß auf allen anderen straßen:

kein urlaub ohne

holiday autos

FREUEN SIE SICH ÜBER 15 EURO MIETWAGEN-RABATT!

15 euro rabatt sichern! sms mit HOLIDAY an 83111*
(49 cent/sms)

so einfach geht´s:
senden sie das wort **HOLIDAY** per sms an die nummer **83111***
(49 cent/sms) und wir schicken ihnen ihren rabatt-code per sms zurück.
mit diesem code erhalten sie 15 euro preisnachlass auf ihre nächste
mietwagenbuchung! einzulösen ganz einfach in reisebüros, unter der
hotline 0180 5 17 91 91 (14 cent/min) oder unter www.holidayautos.de
(mindestalter des mietwagenbuchers: in der regel 21 jahre). der code ist
gültig für buchung und mietbeginn bis 31.12.2010 für eine mindest-
mietdauer von 5 tagen. der rabattcode kann pro mobilfunknummer nur
einmal angefordert werden. dieses angebot ist gültig für alle zielgebiete
aus dem programm von holiday autos nach verfügbarkeit.

*vodafone-kunden: 12 cent vodafone-leistung + 37 cent zusatzentgelt des anbieters.
 teilnahme nur mit deutscher sim-karte möglich.

REGISTER

Sie finden hier alle erwähnten Orte und Ausflugsziele sowie einige wichtige Namen verzeichnet. Halbfette Seitenzahlen verweisen auf den Haupteintrag, kursive auf ein Foto.

IMPRESSUM

SCHREIBEN SIE UNS!

Liebe Leserin, lieber Leser,

wir setzen alles daran, Ihnen möglichst aktuelle Informationen mit auf die Reise zu geben. Dennoch schleichen sich manchmal Fehler ein – trotz gründlicher Recherche unserer Autoren/innen. Sie haben sicherlich Verständnis, dass der Verlag dafür keine Haftung übernehmen kann.

Wir freuen uns aber, wenn Sie uns schreiben.

Senden Sie Ihre Post an die
MARCO POLO Redaktion,
MAIRDUMONT, Postfach 31 51,
73751 Ostfildern,
info@marcopolo.de

IMPRESSUM

Titelbild: Väddo, Stockholmer Schären, Sommerhaus (Look: Greune)
Fotos: Leif Davidsson/dayhot.com (104 M. r.); R. Freyer (U. l., 3 r., 18/19, 48/49, 72); S. Gabriel (4 r., 56, 59); U. Haafke (42/43, 44/45, 49 o., 73, 87, 98/99, 106/107); Fredrik Hagblom (104 o. l.); HB Verlag: (V.M.), Kiedrowski, Koshofer, Schwarz (2 l.), Riehle (5, 34 u., 60, 70, 77); Huber: Gräfenhain (6/7, 8/9, 78/79, 82), Huber (41), Römmelt (90/91, 92), Giovanni Simeone (95); B. Kaufmann (139); T. Kliem (34/35, 103); Jan Kulessa (12 o.); © iStockphoto.com: ArtmannWitte (104 M. l.), dwphotos (105 u. r.), istankov (105 o. l.), ShyMan (105 M. l.); Laif: Daams (22/23), Galli (11, 21, 23, 66/67, 85), Gollhardt & Wieland (27), Hemispheres (26, 28/29), Hub (108), Kirchner (39), Kreuels (28/29, 30/31, 32), Lengler (16/17), Meier (U. r., 80, 110/111), Riehle (47, 53), Rodtmann (24/25); www.carllarsson.se/Carl and Karin Larsson (83); Leijontornet: Heléne Pe (14 o.); Rickard Lindqvist: Daniel Grizelj (14 u.); Look: age fotostock (96), Dressler (41.), Greune (1); Ulf Magnusson (12 u.); Mauritius: Hart (54/55), Hillestad (50), Westend61 (68); Modernity: Elisabeth Ohlson Wallin (15 u.); NOBIS AB: Max Plunger (13 o.); C. Nowak (3 l., 22, 65, 89, 100, 113); Schapowalow: Nebe (2 r.); SL: Hans Ekestang (13 u.); Spa & Resort Strömstad: Helge Eek (15 M.); Stapelbäddsparken: Nils Svensson (105 M. r.); Stockholm Film Festival: Jenny Thorell (15 o.); Transglobe: Hytrek (3 M.), Svensson (61); H. Wagner (37, 62/63, 74/75, 124/125)

2. (11.), aktualisierte Auflage 2008
© MAIRDUMONT GmbH & Co. KG, Ostfildern
Verlegerin: Stephanie Mair-Huydts; Chefredaktion: Michaela Lienemann, Marion Zorn
Autor: Clemens Bomsdorf; Bearbeitung: Bruno Kaufmann; Redaktion: Christina Sothmann
Programmbetreuung: Leonie Dlugosch, Nadia Al Kureischi; Bildredaktion: Helge Rösch, Gabriele Forst
Szene/24h: wunder media, München
Kartografie Reiseatlas: © MAIRDUMONT, Ostfildern
Innengestaltung: Zum goldenen Hirschen, Hamburg; Titel/S. 1–3: Factor Product, München
Sprachführer: in Zusammenarbeit mit Ernst Klett Sprachen GmbH, Stuttgart, Redaktion PONS Wörterbücher

Das Werk einschließlich aller seiner Teile ist urheberrechtlich geschützt. Jede urheberrechtsrelevante Verwertung ist ohne Zustimmung des Verlages unzulässig und strafbar. Das gilt insbesondere für Vervielfältigungen, Übersetzungen, Nachahmungen, Mikroverfilmungen und die Einspeicherung und Verarbeitung in elektronischen Systemen.
Printed in Germany. Gedruckt auf 100% chlorfrei gebleichtem Papier

FÜR IHRE NÄCHSTE REISE
gibt es folgende MARCO POLO Titel:

MARCO POLO Korrespondent Bruno Kaufmann im Interview

Der Schweizer Bruno Kaufmann lebt mit Familie in Falun. Der Nichtautofahrer ist oft per Bahn, Rad und Schiff in ganz Schweden unterwegs.

Wieso leben Sie in Schweden?

Nach dem Volontariat bei einer Schweizer Tageszeitung studierte ich Nordische Sprachen und lernte während einer Lucia-Feier an der Universität meine spätere Frau, eine Schwedin, kennen. Als Auslandskorrespondent für den Schweizer Rundfunk hat es mich anschließend wiederholt nach Schweden verschlagen. Irgendwann sind wir geblieben.

Wie geht es Ihnen dort?

Ich fühle mich in Schweden sehr wohl. Dazu tragen die Weite und die Frische des Landes und seiner Gesellschaft bei sowie die Familienfreundlichkeit, die für mich als Vater von zwei Mädchen im Schulalter eine hohe Priorität genießt.

Und was mögen Sie an Schweden nicht so?

Mit zwei Dingen werde ich mich als Schweizer und Mitteleuropäer wohl ewig schwer tun. Die fehlende Offenheit und die Scheu vieler Schweden Fremden gegenüber sowie der staatliche Zentralismus, der Gleichberechtigung „von unten" zu oft mit Gleichmacherei „von oben" verwechselt.

Wo und wie leben Sie genau?

Seit drei Jahren leben wir in einem schönen alten Haus in der Altstadt der Kupferminenstadt Falun, 300 km nördlich von Stockholm. In einem benachbarten Haus unterrichtete einst der Maler Carl Larsson seine Schüler.

Was machen Sie beruflich?

Ich bin Nordeuropakorrespondent für den Schweizer Rundfunk, berichte über die skandinavischen Staaten, Entwicklungen im Nordatlantik und im Baltikum. Als Politikwissenschaftler arbeite ich zudem für das Stockholmer „Institute for Electoral Processes and Democracy" und für das „Initiative & Referendum Institute" der Universität Marburg, berate Regierungen und Organisationen weltweit zu Fragen der Direkten Demokratie.

Mögen Sie die schwedische Küche?

Die schwedische Küche musste ich erst entdecken. Außer Fisch- und Meeresfrüchte-Gerichten habe ich unterdessen auch die schwedischen Landköstlichkeiten schätzen gelernt: Besonders unwiderstehlich finde ich außer Pilzen und Beeren die Rentier- und Elchgerichte.

Können Sie sich vorstellen, irgendwann wieder in Ihrem Heimatland zu leben, oder sind Sie „verdorben"?

Ich fühle mich an vielen Orten dieser Welt wohl – das ist eine sehr schöne Situation. Und kann mir durchaus vorstellen, wieder mal in der Schweiz zu leben.

> BLOSS NICHT!

Auch in Schweden gibt es Dinge, die Sie lieber lassen sollten

Ein Privathaus ungefragt mit Schuhen betreten

In den Winter- und Herbstmonaten ist es in Schweden sehr feucht, und das Schuhwerk wird häufig schmutzig. Es ist deshalb üblich, Wohnungen nicht mit Schuhen zu betreten. Sie sollten vorher immer fragen, ob die Schuhe ausgezogen werden sollen.

Elchschilder abmontieren

Touristen, die Warnschilder von Fahrbahn querenden Elchen abmontieren, machen sich nicht nur strafbar, sondern auch äußerst unbeliebt. Die Elchschilder mögen zwar ein außergewöhnliches Souvenir sein, doch das Ansehen der Touristen bei den Einheimischen steigt dadurch nicht gerade.

Die schwedische Ordnungswut kritisieren

Schweden schätzen es, wenn alles wie am Schnürchen läuft. In der Post, der Apotheke, dem Bahnhof und an der Käsetheke wird nur bedient, wer zuvor ein *nummerlapp* gezogen hat. Sich über das System zu mokieren, ist ein Affront. Genauso wenig sollten Sie sich darüber lustig machen, dass die Schweden das Prinzip „Rechts stehen, links gehen" auf der Rolltreppe auch dann beherzigen, wenn es wahnsinnig voll ist und alles schneller gehen würde, würde die gesamte Treppe belegt.

Den schwedischen Wohlfahrtsstaat in Frage stellen

In keinem anderen Land der Welt werden so hohe Steuern erhoben wie in Schweden. Bis zum 22. August jedes Jahres arbeitet der Durchschnittsschwede für die Staatskasse. Umgekehrt wissen die Schweden aber sehr genau, wie sie von den Segnungen des mächtigen Zentralstaats profitieren können. Diese starke Verbindung von Staat und Gesellschaft in Frage zu stellen ziemt sich nicht – schon gar nicht für Ausländer oder Nicht-Sozialdemokraten. Selbst die seit 2006 regierende bürgerliche Koalition gebärdet sich unterdessen als oberste Schutzmacht der sozialen Wohlfahrt. Und die konservative Partei betrachtet sich inzwischen als „neue Arbeiterpartei" Schwedens.

Schweden mit "Sie", „Frau" oder „Herr" ansprechen

Seit 30 Jahren sprechen sich alle Schweden mit „Du" an. Die „Du"-Reform löste die zwischen unterschiedlichen Gesellschaftsklassen unterscheidenden Anredeformen ab. Tiefergestellte Personen wurden zuvor mit einem herablassend empfundenen „Sie" (schwed. „Ni") angesprochen, das vornehme Volk mit „Herr" und „Frau" plus Nachnamen angeredet. Heute sollten diese Formen geflissentlich vermieden werden. Einzige Ausnahme: Begegnet Ihnen ein Mitglied des Königshauses, bitte NICHT duzen, sondern nur in dritter Person ansprechen („Ist die Königin auch im Urlaub?").